Katharina Ceming

Lass mal!

Katharina Ceming

Lass mal!

Mit Meister Eckhart
ins Hier und Jetzt

Vier-Türme-Verlag

Bibliografische Information der Deutschen Nationalbibliothek

Die Deutsche Nationalbibliothek verzeichnet diese Publikation in der Deutschen Nationalbibliografie. Detaillierte bibliografische Daten sind im Internet über http://dnb.d-nb.de abrufbar.

1. Auflage 2018
© Vier-Türme GmbH, Verlag, Münsterschwarzach 2018
Alle Rechte vorbehalten

Lektorat: Marlene Fritsch
Umschlaggestaltung/Collage unter Verwendung eines Motivs von shutterstock: www.derUHLIG.com
Druck und Bindung: Finidr s.r.o., Český Těšín
ISBN 978-3-7365-0157-7

www.vier-tuerme-verlag.de

Inhalt

Wie alles begann 7

Ein bisschen Hintergründiges 21

Lesemeister oder Lebemeister 21

Mystisches, allzu Mystisches 24

So ein Philosoph ist doof.
Oder doch nicht? 30

Der Satsang-Star aus Tambach:
Nonduality is on my mind 33

Lehre 41

Die Gotteslehre 46

Gottheit und Gott 48
Ein kleiner trinitätstheologischer Exkurs 52
Willkommen im Gotteskarussell! 55

Sein oder Nichtsein, das ist hier die Frage . . . 63

Mittendrin statt nur dabei:
Eckharts Idee von der Abgeschiedenheit . . . 71

Ganz gelassen im Hier und Jetzt 75

Die Gottesgeburt im Seelenfunken 82

Gottesgeburt im Hier und Jetzt 89

Ein gendertechnischer Exkurs:
Wieso immer nur Söhne? 96

Der innere und äußere Mensch –
wieso es uns zweifach gibt 100

Und wie komme ich zur Gottesgeburt? . **109**

Zum guten Schluss **113**

Literatur **115**

Anmerkungen **119**

Wie alles begann

Der Himmel riss auf, ein helles Licht war zu sehen. Aus der Wolke ertönte der Ausruf: »Das ist mein geliebter Sohn, mit ihm sollt ihr euer Vergnügen haben!« Bedauerlicherweise bekam bei Eckharts Geburt im thüringischen Tambach südlich von Gotha im Jahr 1260 niemand diese göttliche Offenbarung mit. Deshalb machte sich in den folgenden 34 Jahren auch niemand die Mühe, irgendetwas über diesen großartigen und etwas unorthodoxen Gottesmann aufzuschreiben. Wir müssen uns also mit dem zufriedengeben, was uns die Eckhart-Forschung entschlüsselt hat. Eckharts Leben war aufregend, aber sicherlich nicht völlig außergewöhnlich für seine Zeit. Außergewöhnlicher war eher seine Lehre, doch bevor wir uns diese vergegenwärtigen, gibt es noch ein paar »nüchterne« Fakten zu seinem Werdegang zu berichten.

Man geht davon aus, dass Eckhart auf den Vornamen Johannes getauft wurde. Aber vielleicht nannte ihn seine Mutter auch Mäxle oder Heinrich oder Otto. Sicher ist nur, dass seine Familie Eckhart hieß und den Beinamen »von Hochheim« trug. Vermutlich wurde er als

Jugendlicher mit 14 Jahren in den bedeutenden Erfurter Dominikanerkonvent aufgenommen. Wie alle angehenden Mönche erhielt er eine ordensinterne Ausbildung. Lateinkenntnisse waren dafür die Voraussetzung. Im Noviziatsjahr, der Vorbereitung auf das erste Ordensgelübde, erhielt er eine Einführung in die Ordensregeln und die Gelübde. Wer die verstanden hatte, der wurde zum Philosophiestudium an der Artistenfakultät zugelassen.

Die Artistenfakultät war keine Ausbildungsstätte für angehende Zirkusleute. An ihr wurden traditionell sieben Fächer, die *artes liberales*, die freien Künste, unterrichtet. Von *artes* leitete sich der Name Artistenfakultät ab. Zunächst studierten die jungen Männer im Trivium, was mit »Dreiweg« übersetzt werden kann, Grammatik, Rhetorik und Dialektik, um den Baccalaureus zu erwerben. Dieser Abschluss berechtigte zum weiteren Studium im Quadrivium (»Vierweg«), bei dem Arithmetik, Geometrie, Astronomie und Musik auf dem Stundenplan standen. Der Abschluss, den man hier erwerben konnte, war der des *magister artium*. Erst das berechtigte zum Studium an den drei höheren Fakultäten: Theologie, Jurisprudenz und Medizin sowie zum Unterrichten an der Artistenfakultät. Nur an diesen drei Fakultäten konnte ein Doktorgrad oder Lizentiatsgrad erworben werden. Beide Titel entsprechen unserem Professorentitel. Ob Eckhart in Paris studierte oder ob er das ordenseigene *studium logicale*, *naturale* und *biblicum* in Köln absolvierte und dann vielleicht mit einem Hochbegabtenstipendium nach Paris ging, wissen wir nicht.

Relativ sicher ist, dass er ohne große Probleme seine akademischen Studien abgeschlossen zu haben scheint. 1286 schickte man ihn noch zu einem zusätzlichen dreijährigen Studium Generale an die Ordensuniversität der Dominikaner in Köln. Erst danach wurde er zum Priester geweiht. An den neu gegründeten Universitäten ging es richtig zur Sache. Dort lehrten Theologen wie Albertus Magnus. Mit dem um 1200 in Lauingen an der Donau geborenen Theologen begann von christlicher Seite die Auseinandersetzung mit den Lehren des Aristoteles. Albertus Magnus hatte den Anspruch, Philosophie aus sich selbst und nicht aus der Theologie heraus zu erklären. Zu erklären gab es jetzt viel, denn über die islamische Tradition in Spanien wurde man nicht nur mit den Lehren eines Avicenna oder Averroes, die den griechischen Philosophen Aristoteles neu ausgelegt hatten, bekannt, man hatte nun auch Zugriff auf Abhandlungen jüdischer Gelehrter wie Moses ben Maimon oder auf Texte der platonischen und neuplatonischen Philosophie.

Als uns Eckhart zum ersten Mal amtlich beglaubigt begegnet, ist er etwa 34 Jahre alt. Beglaubigt hat seinen Auftritt die Pariser Universität, denn Eckhart hielt dort am 18. April 1294 in seiner Funktion als Sentenzenlektor die Osterfestpredigt. Der Sentenzenlektor war ein gehobenes Universitätsamt vor der richtigen Professur, dessen Aufgabe darin bestand, den Studenten die Sentenzen des Petrus Lombardus zu erläutern. Lombardus war ein scholastischer Theologe und Bischof von Paris, der von 1100 bis 1160 lebte. Sein Hauptwerk, das aus vier Büchern bestand, wurde im 13. Jahrhundert zum theologischen Standardwerk der Universitätsausbildung. Nach Beendigung dieser Tätigkeit als Sentenzenlektor – Universitätsämter waren damals zeitlich sehr limitiert – kehrte Eckhart als Prior, also als »Klosterchef«, nach Erfurt zurück. Der Kurzvertrag an der Uni war zu dieser Zeit die Regel, was aber niemanden störte, denn jeder der aufstrebenden Wissenschaftler war lebenslang abgesichert. Man war ja schließlich Mönch.

Für Eckhart war seine universitäre Karriere aber längst nicht zu Ende, denn schließlich gilt es noch, den Namenszusatz »Meister« vor dem Eckhart zu erklären. 1302 schlug zum zweiten Mal die Pariser Stunde des genialen Predigers, denn nun schickte ihn der Orden ganz offiziell als Professor nach Paris. Aus Johannes Eckhart von Hochheim war nun Magister Johannes Eckhart von Hochheim oder Magister Johannes Echardus geworden. Magister wurde im Deutschen mit Meister übersetzt und bedeutet Professor. Der Lieblingsmystiker der modernen Spiritualitätsszene – ein denkender Bücherwurm im Elfenbeinturm? Was ist hier schiefgelaufen? Zum Mystiker Eckhart gleich noch ein paar Worte.

Doch schauen wir zunächst, wohin ihn sein Ordensleben in den folgenden 26 Jahren führen sollte. Nach seinem Jahr als Professor in Paris, in dem er zahlreiche

Schriften auf Latein verfasste, kehrte er nach Deutschland zurück, wo ihn der Orden mit zahlreichen Ämtern versah. Eckhart scheint nicht nur ein helles Köpfchen gewesen zu sein, sondern auch ein Organisationstalent mit einer sehr praktischen Ader, die ihn zu Fuß tausende von Kilometern durch die deutschen Lande führte, um Ordensprovinzen und Klöster zu leiten, zu reformieren und zu visitieren.

1311 schlug sein akademisches Stündchen zum dritten Mal. Wieder schickte man ihn nach Paris als Professor an die Universität. Diesmal sogar für zwei Jahre. Eckhart sollte sozusagen den Karren aus dem Dreck ziehen. Sein Vorgänger auf dem Professorenstuhl schien es nämlich mit seiner Lehrverpflichtung nicht ganz so genau genommen zu haben. Dies hatte zu Folge, dass man den Dominikanern ihren Lehrstuhl entziehen wollte. Nutznießer wären vermutlich die Franziskaner gewesen. Beide Orden unterhielten an der Sorbonne in Paris Lehrstühle und standen in einer Dauerrivalität miteinander.

Eckhart erfüllte die Aufgabe wie immer mit Bravour und schrieb sich nebenbei die Finger wund, wieder auf Latein, denn schließlich nahm er am aktuellen philosophisch-theologischen Diskurs seiner Zeit teil – und der war nun einmal nicht für jedermann bestimmt. Herrschaftsfreier Diskurs und die Vorstellung, dass jeder zum Philosophen geboren sei, der einen Kopf aufhat, waren keine Konzepte, die die mittelalterliche Welt vertrat.

Das Interessante dabei war, dass die Dominikaner einen Mann für diese akademische Aufgabe ausgewählt hatten, der es mit der internen Ordensvorgabe, die Lehre des hochverehrten Thomas von Aquin zu lehren und zu verteidigen, nicht immer ganz so genau nahm. Eckhart bezog sich zwar immer wieder auf Thomas, doch was er aus dessen Lehre machte, war sicher kein Thomismus im Sinne der Ordensleitung. Diese drohte ab 1313 allen dominikanischen Lehrern mit Entzug ihrer Ämter, wenn sie das Gegenteil von Thomas lehrten. Er war nach der Bibel zu einer zweiten verbindlichen Autorität im Orden geworden. Als Thomas dann 1323 heiliggesprochen wurde, hatte ein jeder Dominikaner Thomist zu sein oder er konnte gehen. Ob Eckharts eigenständiges Denken und seine Abweichung von Thomas letztlich sein Schicksal wurden, werden wir gleich thematisieren.

Doch zunächst noch ein paar Sätze zu Thomas von Aquin. Weshalb erlangte dieser Mann solch einen Ruhm? Thomas war es gelungen, den aus der christlichen Theologie und Philosophie nicht mehr wegzudenkenden Aristotelismus von seinem wichtigsten Kommentator zu trennen. Dieser Kommentator war der in Spanien lebende und lehrende arabische Philosoph Averroes (1126 bis 1198), im Westen als Ibn Rush bekannt. Averroes sah in Aristoteles den einzig wahren Philosophen und hielt ihn für die Inkarnation der Vernunft selbst. Nachdem hier nicht der Ort ist, um die Lehre des Averroes zu vertiefen, sei nur auf die aus theologischer Sicht unannehmbaren

Thesen seiner Beschäftigung mit Aristoteles verwiesen. Diese waren für die islamische Orthodoxie gleichermaßen Häresie wie für die christliche Kirche.

Averroes leitete aus Aristoteles' Lehre ab, dass die Welt ewig sei. Das widersprach der christlichen Interpretation des biblischen Schöpfungsberichts. Ferner lehrte Averroes, dass das Sein nur der Substanz und nicht den Akzidentien zukomme – was das bedeutet, wird später noch genauer erläutert. Zudem sei der Intellekt in seiner Form als allgemeiner Intellekt allen Menschen gleichermaßen gemein und damit auch nicht unterschieden, so der große islamische Philosoph. Aus dieser Lehre schloss man christlicherseits, dass, wenn nur der allgemeine, überindividuelle Intellekt, der noch dazu unvermischt, leidensunfähig und unsterblich ist, wirklich existiert, es keine unsterbliche Individualseele geben kann. Damit war die Lehre von der ewigen Individualseele gefährdet. Und auf die konnte die Theologie unmöglich verzichten, denn wer oder was außer dieser unsterblichen Einzelseele sollte auf ewig in der Hölle schmoren, wenn es im Leben nicht so toll gelaufen war?

Thomas von Aquin war es nun gelungen, Aristoteles so zu interpretieren, dass man nicht zu den Schlüssen des Averroes kommen musste, womit die christliche Dogmatik, die Thomas maßgeblich mitentwickelte, gerettet war.

Es mag eine Ironie des Schicksals sein, dass ausgerechnet jener *Doctor angelicus* – der engelgleiche Doktor, wie man ihn nannte –, der die christliche Theologie die nächsten 750 Jahre wie kein anderer prägen sollte, am Ende seines Lebens auf die Nachfrage seines Sekretärs, weshalb er ihm auf einmal nichts mehr diktiere, erklärte: »Alles, was ich geschrieben habe, erscheint mir wie Spreu, verglichen mit dem, was ich geschaut habe.« Thomas hatte in der Nacht zuvor eine mystische Erfahrung. Moderne Interpreten sagen, er hatte einen Schlaganfall. Was es auch gewesen war, in Thomas eigener Bewertung verloren all seine gelehrten dogmatischen Spekulationen ihren Wert, was die Nachwelt nicht daran hinderte, sie noch dogmatischer zu lesen und zu lehren.

Wenden wir uns aber noch einmal dem weiteren Werdegang Meister Eckharts zu. Nach zwei Jahren in Paris schickte der Orden ihn nach Straßburg, wo er die nächsten zehn Jahre vermutlich als Generalvikar des Ordensgenerals Berengar von Landora mit der Betreuung und Aufsicht der süddeutschen Frauenklöster beschäftigt war. Allerdings ist die Straßburger Zeit in der Eckhart-Forschung umstritten. Vielleicht sollte er auch die zahlreichen Beginenkonvente in Straßburg im Auge behalten. Die Beginen waren Frauen, die oftmals einer mystischen Spiritualität zugeneigt und der Amtskirche ein Dorn im Auge waren. Eckharts Unheil, das am Ende seines Lebens in Form eines Inquisitionsprozesses über ihn hereinbrach, gründete zu einem Teil sicherlich in dieser Tätigkeit. Theologisch betrachtet war sein Denken dem Mainstream eher fern und den Vorstellungen mystischer Gruppierungen nahe. Das sahen auch Leute, die ihm wohlgesonnen waren, und deshalb gaben sie ihm vorsorglich die Warnung mit auf den Weg, vor ungebildeten Menschen, und das waren alle, die kein Latein sprachen und keine theologische Ausbildung hatten, nicht von so schwierigen Dingen zu sprechen, wie er es gerne zu tun pflegte.

Eckharts indirekte Antwort auf diese Vorwürfe, über die falschen Dinge zu den falschen Hörern zu sprechen, findet sich am Ende seines Trostbuchs, das er selbst auf Deutsch verfasst hat. Diese Antwort sagt viel über ihn als Mensch und Pädagogen aus. Aus diesem Grund soll sie hier wiedergegeben werden:

»*Auch wird man sagen, dass man solche Lehren nicht für Ungelehrte sprechen und schreiben solle. Dazu sage ich: Soll man nicht ungelehrte Leute (be-)lehren, so wird niemals wer gelehrt, und so kann niemand lehren oder schreiben. Denn darum belehrt man die Ungelehrten, dass sie aus Ungelehrten zu Gelehrten werden. Gäbe es nichts Neues, so würde nichts Altes.*«[1]

Eckhart fehlte es weder an Selbstbewusstsein noch an pädagogischem Impetus: Damit aus Ungelehrten Gelehrte werden, muss man anfangen, sie zu belehren. Zugegeben: eine Herde von ungelehrten *simple minds* kann man sehr viel besser lenken und leiten als eine Herde von Gebildeten. Da es Eckhart weniger um Macht und Machtausübung ging, sondern darum, den Menschen etwas Wesentliches für ihr Leben zu vermitteln, war er gerne bereit, die Ungelehrten wissend zu machen.

Ob Eckhart in den zehn Jahren dauerhaft in Straßburg lebte, ist umstritten. Sicher ist, dass er in dieser Zeit viel auf Deutsch predigte, was eher ungewöhnlich war, auch wenn er nicht der Erste und Einzige war, der dies tat. Einer seiner Hörer in dieser Zeit war der junge Dominikanermönch Johannes Tauler, dem wir es verdanken, dass wir von Eckhart und seinen deutschen Predigten noch etwas wissen. Denn nach Eckharts Verurteilung – der Vorgriff sei erlaubt – wurden dessen Predigten nur noch anonym weitergegeben. Einige hängte man später an die Predigten des Johannes Tauler an, die 1522 in Basel gedruckt werden sollten. Damit waren sie für die Nachwelt erhalten.

Doch zurück zu Eckhart und seinen Predigten, die seinen Ruf als großer Mystiker begründeten. Diese Predigten wurden von anderen mitgeschrieben.

1324 wurde Eckhart als *lector primarius*, quasi als Chefdenker, von seinem Ordensgeneral wieder nach Köln zum Studium Generale geschickt. In dieser Zeit predigte er unter anderem in verschiedenen Frauenklöstern. Als *lector primarius* vertrat er in Köln den einzigen theologischen Lehrstuhl des Studium Generale, auf dem Jahrzehnte vor ihm schon Albertus Magnus gelehrt hatte. Während seiner Lehrtätigkeit in Köln lernte Eckhart zudem Heinrich Seuse kennen. Dieser war wie Johannes

Tauler Dominikaner und von Eckharts Lehren tief beeindruckt. Er vertrat sie sogar noch nach Eckharts Verurteilung, was ihm einen erheblichen Rüffel seitens des Ordens einbrachte. Weder Tauler noch Seuse hatten sich mit ihrer Sympathie für Eckhart und seine Gedanken bei den Dominikanern beliebt gemacht, insbesondere nicht, da sie nach seiner Verurteilung seine Lehren, wenn auch etwas modifizierter, weitertrugen. Nach Eckharts Verurteilung ließ der Dominikanerorden ihn nämlich wie eine heiße Kartoffel fallen, da man fürchtete, sich bei der Berührung nicht nur die Finger zu verbrennen, sondern anscheinend auch noch Pestbeulen zu bekommen.

Die Stadt am Rhein wurde Eckhart zum Verhängnis, denn der Kölner Erzbischof Heinrich von Virneburg hatte es auf Eckharts Lieblingshörerschaft, die Beginen, abgesehen und damit auf alle, die mit ihnen zu tun hatten oder ihnen nahestanden. Dazu kam, dass die politische und kirchliche Großwetterlage recht spannungsreich war. Eckhart geriet zwischen die Fronten beziehungsweise wurde zu einer Art Bauernopfer verschiedenster Interessen. 1314 gab es im deutschen Reich nämlich zwei Könige: den Österreicher Friedrich und den Bayern Ludwig. Beide reklamierten den Thron für sich. Der Papst und der Kölner Erzbischof Heinrich von Virneburg standen auf Seiten des Österreichers, die reichen Städte in Deutschland auf Seiten des Bayern. Köln war unentschieden und der Dominikanerorden ebenso. Während die Ordensleitung dem Papst folgte, hielten die deutschen Prediger des Ordens zu Ludwig.

1226 eröffnete Virneburg den Inquisitionsprozess gegen Eckhart. Nach etlichen internen Verteidigungen reagierte er auf die Anklagepunkte mit einer öffentlichen Verteidigung. Darin bestritt er die Rechtmäßigkeit der Anklage, bekannte sich zu seinen Ausführungen und warf seinen Anklägern absichtliches Missverstehen, kurzerhand *brevitas mentis*, Verstandesschwäche, vor. An einer Deeskalation scheint Eckhart nicht wirklich interessiert gewesen zu sein. Er hoffte wohl, wenn man die Ungelehrten, die unter Verstandesschwäche litten, nur lange genug belehrte, würden sie verständig. Vielleicht wusste Eckhart aber auch, dass er keine Chance hatte, weil es letztlich um ganz andere Dinge ging, weswegen er so deutliche Worte aus der schwächeren Position heraus sprach. Vielleicht verkannte er aber auch die Situation oder hatte einfach keine Angst. Wir wissen es nicht. Sicher ist, dass er 1327 beschloss, sich an den Papst zu wenden, nachdem er sah, wie sinnlos es war, die immer gleichen Sachverhalte den immer gleichen Leuten, die sie nicht verstehen wollten, zu erklären. Mit 67 Jahren reiste er noch einmal nach Frankreich, diesmal nicht nach Paris, sondern nach Avignon, wo der Papst im Exil residierte.

Eckharts Anliegen wurde geprüft. Von den 150 Aussagen, die die Kölner Inquisition gesammelt hatte, blieben am Ende 28 Sätze übrig, von denen der Papst bei 17 befand, sie seien häretisch und 11 übelklingend.

Das Urteil der Bannbulle, die am 27. März 1329 veröffentlicht wurde, erlebte Eckhart nicht mehr. Vermutlich starb er am 28. Januar 1328 in Avignon oder auf dem Rückweg nach Köln, womit ihm sicherlich noch größeres Ungemach erspart geblieben ist. Doch damit begann erst die Geschichte des »größten Mystikers des Christentums«, des »schlechtesten Scholastikers des Mittelalters«, des »Erfinders der deutschen Sprache«, des »rechtgläubigen christlichen Theologen«, des »arischen Denkers«, des »marxistischen Theoretikers« und was noch so alles in ihm gesehen wurde. Kaum ein anderer mittelalterlicher Denker war und ist eine so wunderbare Projektionsfläche für Wünsche, Sehnsüchte und Ideologien wie Eckhart.

Ich bin mir bewusst, dass auch ich in diesem Buch Eckhart durch eine bestimmte Brille betrachte, nur erlaube ich mir ganz unbescheiden festzustellen, dass es Brillen gibt, die das Sichtfeld einengen, und solche, die es erweitern. Meines Erachtens ist der Zugang zu Eckhart und seiner Lehre aus einer interkulturellen und integralen Perspektive einer, der das Sichtfeld erweitert, auch wenn Eckhart von den östlichen Spiritualitätstraditionen nichts wusste – und wenn ich von östlich spreche, meine ich nicht die Traditionen der christlich-orthodoxen Kirchen, sondern die Asiens. Ich glaube aber, dass Eckhart diese Theorien und Lehren, so er sie gekannt hätte, als adäquate Interpretationswerkzeuge seiner eigenen Lehre geschätzt und keine Berührungsängste gehabt hätte.

Ein bisschen Hintergründiges

Lesemeister oder Lebemeister

Eckharts Lehre ist komplex, da beißt die Maus keinen Faden ab. Er kombinierte philosophische Lehren, die zu seiner Zeit bekannt waren, mit seiner sehr eigenständigen Sichtweise. Eckhart liebte das reflektierende Denken – eine Nachricht, die die spirituelle Erfahrungsfront, die nichts mehr als das Denken verachtet, vermutlich nicht so gerne hört. Wer ihn verstehen will, tut gut daran, dies zu berücksichtigen, insbesondere, da er nicht nur deutsche Predigten und Traktate hinterlassen hat, sondern ein umfangreiches, wenn auch nicht vollständig überliefertes Werk auf Latein. Eckhart war sein Leben lang immer auch Akademiker und als solcher der akademischen Sprache und dem systematischen Denken verbunden.

Wer Eckhart nur durch eine bestimmte Brille liest, wird jedoch nicht der Vielschichtigkeit dieses mittelalterlichen Genius gerecht. Brillen gab und gibt es immer noch viele in der Rezeption des Tambacher Meisters. Momentan ist die des reinen Mystikers die beliebteste. Die krudeste war sicher, ihn als arischen Herrenmenschen zu betrachten, zu dem ihn die NS-Ideologie machen wollte. In ihrem Sichtfenster war sein Denken Ausdruck der Erhabenheit der nordisch-germanischen Rasse, die weit über der jüdischen oder den orientalischen Rassen stand. Wenn es aber einen mittelalterlichen Denker gab, der sich für seine Zeit durch eine große Vorurteilsfreiheit gerade dem Judentum gegenüber auszeichnete, dann war es Eckhart. Das macht unter anderem die Lektüre seiner Schriften so angenehm. Gerne zitiert er jüdische und islamische Denker, um ihren Scharfsinn zu betonen. Den heidnischen Griechen Platon nennt er einen »großen Pfaffen«, und das war nicht despektierlich gemeint, denn Pfaffe war das mittelhochdeutsche Wort für Pfarrer. Auch Moses ben Maimon, den großen jüdischen Religionsgelehrten, zitierte er immer wieder. Und dass die alten Philosophen Griechenlands die göttliche Glückseligkeit erfahren haben, obwohl sie vor der Zeit »unseres Herren Jesu Christ« gelebt hatten und nach mittelalterlich-christlicher Lehre deshalb eigentlich gar nicht hätten erlöst sein könnten, war für Eckhart gewiss.

Eckhart erlaubte es sich, die Welt ein wenig anders zu betrachten als es viele, wenn auch nicht alle Theologen, zu seiner Zeit taten. Wer ihn am mittelalterlichen scholastischen Mainstream misst, der muss zu dem Urteil kommen, dass er ein schlechter Scholastiker war. Auch dieses Urteil prägt die Forschung. Obwohl Eckhart ein bisschen anders war als die meisten Theologen seiner Zeit, so verstand er sich selbst jedoch immer als gottgläubigen Christen. Nur war Eckharts Gott eben nicht der der Dogmatik seines Ordensbruders Thomas von Aquin, sondern der alles durchdringende und begründende Einheitsgrund der platonisch-neuplatonischen Philosophie.

Für seine Gotteslehre konnte sich Eckhart auf die sogenannte negative Theologie stützen. Das war eine Strömung innerhalb des Christentums, die stark durch die neuplatonische Philosophie geprägt war und die Lehre vertrat, dass über das göttliche Wesen nichts ausgesagt werden könne, da es jenseits aller Kategorien sei. Alles, was der Mensch über Gott sagen könne, seien daher Negationen. Leider kam die negative Theologie im Christentum nie wirklich richtig zum Zug, obwohl sie bedeutende Theologen wie Klemens von Alexandrien, Origenes, Evagrius Pontikus oder Dionysius Areopagita hervorbrachte. Sie war zwar seit der Antike immer integraler Bestandteil theologischen Denkens, aber dennoch eher ein randständiges Phänomen. Eckhart griff die negative Theologie ganz bewusst auf und arbeitete mit ihren Begriffen und Stilmitteln: Gott ist unaussagbar, unerkennbar, weder dies noch das. Über Gott kann man nicht reden, weil kein Begriff Gott trifft. Man kann Gott auch nicht denken. Der einzige Zugang ist der über die Erfahrung Gottes im eigenen Seelengrund:

> »Der Mensch soll sich nicht genügen lassen an einem gedachten Gott; denn wenn der Gedanke vergeht, so vergeht auch der Gott. Man soll vielmehr einen wesenhaften Gott haben, der weit erhaben ist über die Gedanken des Menschen und aller Kreatur. Der Gott vergeht nicht, der Mensch wende sich denn mit Willen von ihm ab.«[2]

Eckhart ging es nicht um den »richtigen« Glauben, sondern um das richtige Erkennen, wobei diese Erkenntnis eben kein abstrakter Denkakt ist. Und damit sind wir mittendrin im aktuellen Streit um die Deutungshoheit über Eckhart als Mystiker oder Philosoph. Auf der einen Seite stehen diejenigen, die in ihm den Supermystiker sehen, auf der anderen Seite jene, die allein beim Hören des Wortes »Mystik« im Kontext mit Eckhart rote Pusteln bekommen. Um hier ein wenig Klarheit zu bekommen, ist es sicherlich hilfreich, die Begriffe Mystik und Philosophie zu klären.

Mystisches, allzu Mystisches

Der Begriff »Mystik« stammt aus dem Griechischen und bedeutet zunächst einmal »verstummen«. In der christlichen Theologie war es Dionysius Areopagita, der den Begriff der mystischen Theologie salonfähig machte. Damit bezeichnete er die Disziplin oder Technik, die den

Menschen zur Erfahrung des Göttlichen führt, indem er sich von allen Vorstellungen und Begriffen über Gott freimacht. Dionysius galt lange Zeit als direkter Schüler des Apostels Paulus und war deshalb eine große Autorität im Christentum, bis man anhand der neuplatonischen Gedanken in seinen Schriften erkannte, dass er kaum vor dem 5. Jahrhundert n. Chr. gewirkt haben konnte. Doch diese bahnbrechende Entdeckung machten zum Glück erst Theologen der frühen Neuzeit, genau genommen der italienische Humanist und Kanoniker Lorenzo Valla (etwa 1405 bis 1457). Bis zu Beginn des 15. Jahrhunderts waren die allermeisten Theologen geneigt, in Dionysius Areopagita den Dionysius der Apostelgeschichte (Apg 17,34) zu sehen. Dieser wurde von Paulus auf dem Areopag in Athen missioniert und folgte dem Meister auf seinen Wegen. Mittelalterliche Theologen konnten sich also noch getrost auf den Großmeister der negativen und mystischen Theologie berufen, um ihre kühnen Spekulationen gegen allzu argwöhnische inquisitorische Geister abzusichern.

Interessanterweise benutzte Eckhart das Wort »mystisch« nicht, obwohl es zu seiner Zeit bekannt war. Und noch etwas fällt im Kontext des Mystikers Eckhart auf: In seinem ganzen Werk findet sich keine Bemerkung zu einer persönlichen mystischen Erfahrung im Sinne von »das habe ich erlebt« oder »meine persönlichen Erfahrungen« und so weiter. Aber auch mit allem, was Visionen und Ekstasen anbelangt, konnte er nichts anfangen. Immer wieder ermahnt er seine Schäfchen, sich nicht darin zu verlieren, da das zu nichts führe. Berühmt ist der Ausspruch, den er tätigte:

>»Wie ich auch sonst schon gesagt habe: Wäre der Mensch so in Verzückung, wie's Sankt Paulus war, und wüsste einen kranken Menschen, der eines Süppleins von ihm bedürfte, ich erachtete es für weit besser, du ließest aus Liebe von der Verzückung ab und dientest dem Bedürftigen in größerer Liebe.«[3]

Wer glaubt, damit sei klar, dass Eckhart eben kein Mystiker gewesen sei, den möchte ich mit seinem abschließenden Urteil noch um etwas Geduld bitten. Wenn wir uns mit Mystik oder Spiritualität beschäftigen, unabhängig davon, ob sie antik, mittelalterlich oder modern, ob sie westlich oder östlich geprägt ist, ist es sehr hilfreich, zwei Dinge säuberlich zu trennen: Spirituelle Zustände und Erfahrungen, die kommen und gehen, sowie dauerhafte Transformationen, die nicht mehr gehen. Letzteres ist in der christlichen Mystik eher selten. Vielleicht hat es mit dem dogmatischen Hintergrund zu tun, wonach ewige Glückseligkeit als postmortaler Zustand gedacht wurde. Anders sieht es in den östlichen Traditionen aus. Gerade die Nirvana-Erfahrung im Buddhismus wird als etwas verstanden, was bereits zu Lebzeiten zu erlangen und vor allem zu erstreben ist.

Ekstatische Erfahrungen, von denen viele mittelalterliche Mystiker und Mystikerinnen berichteten, sind Zustandserfahrungen, die jedoch nicht von Dauer sind, sondern zeitlich begrenzt und meistens durch ein von der normalen Welterfahrung abgetrenntes Bewusstsein gekennzeichnet. Die Ekstase führt über die Welt des Bedingten und Relativen hinaus. Doch damit verliert sie den Bezug zum Hier und Jetzt. Diese Zustandserfahrungen kennen alle großen Spiritualsysteme. Für die allermeisten Mystiker und Mystikerinnen, egal, welcher Tradition und Religion sie angehören, sind das die Erfahrungen, die sie im Kontext von Spiritualität machen.

Eckharts Denken gründet jedoch in einem so radikalen Einheitsverständnis der Wirklichkeit, dass er die Trennung von Diesseits und Jenseits als falsche Sichtweise ablehnen musste. In seinen lateinischen Werken spricht er immer wieder von Gott als der reinen *indistinctio*, der Ununterschiedenheit. Gott ist für Eckhart die reine Ununterschiedenheit, die sich von nichts, wirklich gar nichts unterscheidet und damit auch von nichts getrennt ist, weil sie alles ist, eben auch diese unsere erfahrbare Weltwirklichkeit. Mehr zu seiner Nondualitätslehre gibt es im übernächsten Kapitel.

Eckhart konnte also mit Verzückungen und Ekstasen nichts anfangen, weil sie nicht zu einer Erfahrung der Wirklichkeit in ihrer Totalität führen, sondern wieder nur einen Ausschnitt dieser Wirklichkeit eröffnen. So heißt es bei ihm:

> »Auch hindern sich gute geistige Menschen an der rechten Vollkommenheit, dass sie mit ihrer geistigen Lust am Bild des Menschseins unseres Herrn Jesus Christus verweilen, und damit behindern sich gute Menschen, weil sie zu viel an Visionen hängen.«[4]

Das ist, nebenbei bemerkt, der Grund, weshalb in den großen östlichen Spiritualsystemen des Buddhismus wie des Hinduismus den Praktizierenden geraten wird, Visionen und Ekstasen nur als schöne Blumen am Wegesrand zu betrachten, sie aber dort stehen zu lassen und weiterzuschreiten. Die Gefahr, das eigentliche Ziel aus den Augen zu verlieren, ist viel zu groß.

Wenn wir unter Mystik primär außergewöhnliche Erfahrungen verstehen, dann verstand sich Eckhart ziemlich sicher nicht als Mystiker. Wenn wir unter Mystik auch eine ununterbrochene Seinsweise der Nondualität verstehen, dann schaut es vielleicht ein bisschen anders aus. Zumindest thematisiert Eckhart diese Dimension in seinem Werk. Vielleicht bezeichnen wir Eckhart einfach als nicht-mystischen Mystiker, wenn wir ihm unbedingt ein Etikett anheften möchten. Dass er nicht von eigenen Erfahrungen in direkter Weise berichtet, spricht nicht dagegen.

Umgekehrt ist auch das oft zu hörende Argument, Eckhart müsse ein Mystiker gewesen sein, weil niemand so etwas schreiben und lehren könne, wenn er es nicht erfahren habe, auch kein Beweis für diese These. Eckharts Schüler Johannes Tauler sagt selbst in einer seiner Predigten:

> »*Glaubt nicht, dass ich in eigenem Erleben bis dahin gelangt bin. Gewiss sollte kein Lehrer von Dingen sprechen, die er nicht selbst erlebt hat. Doch zur Not genügt, dass er liebe und das im Sinn habe, wovon er spricht und ihm kein Hindernis bereite. Doch wisset, dass es nicht anders sein kann.*«[5]

Was Eckhart aufgeschrieben und gelehrt hat, kann man auch ausdrücken, wenn man die Einheitsphilosophie des Neuplatonismus ausschließlich kognitiv verstanden hat!

Aber letztlich ist es völlig egal, ob Eckhart selbst etwas erfahren hat oder nicht, denn hier gilt sein eigenes Wort:

> »*Was hülfe es mir, wenn ich einen Bruder hätte, der da ein reicher Mann wäre und ich wäre dabei ein armer Mann? Was hülfe es mir, hätte ich einen Bruder, der da ein weiser Mann wäre und ich wäre dabei ein Tor?*«[6]

Was hülfe es uns zu wissen, dass Eckhart verwirklicht hat, was er lehrte, wenn wir dies nicht in unserem Leben verwirklichen? Tja, und das scheint der »Kasus Knaxus« zu sein: Wir scheinen zu glauben, wir könnten von der Erfahrung der anderen abbeißen.

So ein Philosoph ist doof.
Oder doch nicht?

Wie verhält es sich denn nun mit dem Philosophen Eckhart? Kann ein nicht-mystischer Mystiker gleichzeitig Philosoph sein? Für Eckhart ist das kein Widerspruch. An mehreren Stellen seines Werkes, in den lateinischen Schriften wie in den deutschen Texten, erklärt er, dass er alles, was er sagt, mit den Mitteln der Vernunft erläutern wolle. Das ist die klassische Aufgabe der Philosophie. Übernatürliche Vernünfte und Gnaden, wie die Theologie sie liebte und liebt, waren Eckharts Sache nicht.

Nun kommen wir zu einem entscheidenden Punkt, was die Philosophie anbelangt: Wir modernen abendländischen Menschen haben, wenn es um diese geht, bestimmte Vorstellungen. So sind wir zum Beispiel überzeugt, dass das theoretische Denken und Reflektieren herzlich wenig mit dem Rest unseres Daseins zu tun haben muss. Wir können dazu moderne Gehirnhochleistungsakrobaten beobachten, die sich kognitiv in schwindelerregenden Höhen traumwandlerisch bewegen, nur leider in der ach so schnöden Alltagsrealität kläglich scheitern. Das führt dazu, dass die platonische Aufforderung: »die Philosophen sollen herrschen« nur zu einem Schmunzeln oder, je nach Gemütslage, zum blanken Entsetzen bei den Adressaten führt. Von weltfremden Spinnern und Zivilversagern möchte sich zu Recht niemand beherrschen lassen.

Doch Platon, der den Begriff des Philosophen geprägt hat, hatte dabei einen anderen Menschen vor Augen. Der Aufstieg zur Sonne, also zur Wahrheit, der bei ihm das Ziel der Philosophie ist – ja, es gibt ein Ziel und eine Wahrheit in der vor-postmodernen Zeit, so wie es auch ein Besser und Schlechter gibt –, führt infolge eines langen Lernprozesses, der die gesamte Person und nicht nur ihre grauen Zellen umfasst, zu einer Transformation des ganzen Menschen.

Dieser transformierte Mensch ruht sich Platons Vorstellung gemäß nicht in den eleusinischen Gefilden aus, sondern steigt hinab in die Höhle, wo der Rest der Menschheit weiterhin die Schatten anstarrt und diese mit der Realität verwechselt. Der transformierte Philosoph ist bereit, den anderen auf ihrem Weg hinauf zur Sonne zu helfen, *in concreto*: Er übernimmt Verantwortung in und für die Welt. Ob Platon sein eigenes Ideal verwirklicht hat oder nicht, möchte ich hier jetzt nicht diskutieren. Ich möchte nur darauf verweisen, dass in der Antike Philosophie als Disziplin des Denkens mit der Praxis verbunden war.

Für Platon wie für fast alle antiken abendländischen Philosophen war Philosophie nicht nur ein bisschen Hirnakrobatik zum Zeitvertreib für wohlsituierte Herrschaften, denen die Sklaven den Dreck wegräumten und die Arbeit erledigten, sondern Philosophie hatte etwas mit Transformation zu tun. Ich möchte in diesem Kontext auf einen Satz des völlig zu Unrecht als üblen

Hedonisten verunglimpften Philosophen Epikur verweisen. Bei ihm heißt es:

> *»Leer ist die Rede jedes Philosophen, durch die keine menschliche Leidenschaft geheilt wird. Wie nämlich Medizin nichts nützt, wenn sie nicht die Krankheiten aus dem Körper vertreibt, so nützt die Philosophie nichts, wenn sie nicht die Leidenschaft aus der Seele vertreibt.«*[7]

Was Epikur hier äußert, kann als Grundsatzprogramm der meisten philosophischen Schulen der Antike gesehen werden. Zugegeben, über die Methodiken konnten sie sich nicht einigen, wohl aber darauf, dass die Philosophie die Seelenruhe als Ziel hat. Das ist doch um einiges mehr, als nur kognitiv die Wirklichkeit zu verstehen.

Und damit kommen wir zu einem entscheidenden Punkt: Philosophie und Spiritualität schließen sich nicht aus. Wenn ich nun von Spiritualität spreche, dann aus dem Grund, dass Spiritualität etwas neutraler klingt als der so aufgeladene Begriff »Mystik«, der im abendländischen Denken mit Ekstasen und Visionen gleichgesetzt wird. Doch diese sind, wie bereits gesehen, nur eine Ausprägung im weiten Feld der Spiritualität.[8]

Dass es Eckhart nicht um Visionen und Ekstasen ging, zeigen seine Texte. Dass er die Menschen seiner Zeit einlud, ihre Vernunft zu kultivieren, ebenso. Dass dieses Vernünftigwerden aber kein rein kognitiver Vorgang ist, ja dass mit dieser Vernunft noch eine ganz andere Ebene berührt wird, möchte ich im Folgenden etwas verdeutlichen. Für Eckhart führt der Weg zum Gotterleben im eigen Seelengrund über die Vernunft.

Der Satsang-Star aus Tambach: Nonduality is on my mind

Ich möchte im Folgenden nun einen Versuch unternehmen, Eckharts Spiritualitätsverständnis etwas anschaulicher zu machen. Dazu müssen wir die Grenzen des Abendlandes nach Osten hin überschreiten und ins sagenumwobene mystische Morgenland zur Wiege aller Ekstatiker und Visionäre nach Indien reisen. So nehmen zumindest bis heute die meisten abendländischen Philosophen inklusive der Nichtphilosophen Indien wahr. Zum Glück gibt es wenigstens eine kleine wackere Schar von *comparative philosophers*, die gezeigt haben, dass es in Indien strukturell ähnliche philosophische Vorstellungen gab wie im antiken Griechenland.

Was können wir nun lernen, wenn wir nach Indien blicken? Zunächst, dass die Bandbreite der Weltbeschreibung vom Materialismus bis hin zum Idealismus nicht kulturbedingt ist: Indien kennt all diese Spielarten genau wie das Abendland. Zum Zweiten etwas, was für unsere Fragestellung »Eckhart – Mystiker oder Philosoph?« wichtig ist. Ich erlaube mir, hier das Wort »Mystiker«

als Synonym für einen »spirituellen Menschen« zu verwenden, insofern, als zwischen beiden kein Gegensatz bestehen muss. Philosophie zeigt denkerisch, was das Problem der Wirklichkeitsbeschreibung ist: dass die Wirklichkeit nämlich kein Objekt ist und damit nicht endgültig und abschließend begrifflich beschrieben und fixiert werden kann. Das kann das Denken erkennen. Die Erkenntnis der begrifflichen Nicht-Erkennbarkeit ist eine Erkenntnis, wenn auch eine, die keinen konkreten Inhalt mehr hat.

Innerhalb der indischen Tradition waren es vor allem die Denker des Mahayana-Buddhismus in all seinen verschiedenen Spielarten und die des hinduistischen Advaita-Vedanta, die diese Erkenntnis vertraten. In beiden Strömungen zog man aus dieser denkerischen Einsicht eine sehr praktische Konsequenz: Wenn die Wirklichkeit nicht begrifflich und durch Konzepte erfassbar ist, dann muss der Mensch seinen Geist von allen Vorstellungen freimachen, um diese zu erfahren. Im alltäglichen Dasein nimmt er diese Wirklichkeit einfach nicht wahr, weil er sich in seinen Bildern und Konzepten von ihr verheddert hat. In dem Moment, in dem der Mensch zulässt, dass sich diese Konzepte auflösen, weil er nicht mehr an ihnen hängt, erfährt er die Grundlage von allem, was ist. Das hat mit Ekstase und Visionen nichts zu tun.

Zwischen dieser Wirklichkeit und der Welt des Wandels gibt es letztlich gar keinen wesenhaften Unterschied mehr. Allerdings ist diese Erkenntnis erst demjenigen einsichtig, der die nonduale Struktur der Wirklichkeit erlebt. Alles Reden über Nondualität lässt diese nicht real werden, da in der Rede, im Denken, im Fühlen immer ein Unterschied zwischen Subjekt und Objekt vorhanden ist. Erst dort, wo existenziell verstanden wird, dass dieser Unterschied nicht real im Sinne einer absoluten Gültigkeit existiert, löst sich die Dualität auf und die reine Ununterschiedenheit ist. Über die gibt es aber nichts mehr zu sagen. Wir werden sehen, Eckharts Lehre dreht sich im Wesentlichen genau darum.

Einer der wirklichen Unterschiede zwischen dem Westen und Osten bestand darin, dass sich der Osten auch um die Wege des Loslassens, des Abscheidens, des Freiwerdens in wissenschaftlicher Genauigkeit bemühte, diese Veränderungen der inneren Bewusstseinszustände auf dem Weg zur Nondualität systematisierte und allen Interessierten mit den verschiedenen meditativen Praktiken ein Instrumentarium an die Hand gab. Davon existiert in der westlichen und christlichen Tradition kaum etwas. Dafür entwickelte die moderne westliche Wissenschaft Röhren, in die man Meditierende stecken und dann in ihren Hirnen lesen kann, was da so alles passiert oder nicht passiert, wenn man Mitgefühl vergegenwärtigt oder einfach gegenwärtig ist. Es führt beim Beobachter zwar nicht zum Erleben dessen, was der Beobachtete wahrnimmt, aber es räumt wenigstens mit der kruden Idee auf, dass meditative Bewusstseinszustände Krankheiten seien.

Doch zurück zur reinen Gegenwärtigkeit. In der östlichen Tradition gab es darüber hinaus immer wieder Menschen, die der Ansicht waren: Wenn die wahre Wirklichkeit nondual ist, dann gibt es auch keinen Weg dorthin und nichts zu tun, weil alles, was ist, immer Teil der Wirklichkeit ist. Wir sind immer schon am Ziel. Das Einzige, was wir tun können, ist, uns dieser simplen Tatsache bewusst zu werden. Der Chan-Buddhismus, in der japanischen Tradition als Zen bekannt, favorisierte im 7. Jahrhundert genau diese Haltung. Hui-neng (637 bis 713), der sechste Patriarch, war überzeugt, dass Erwachen sich nicht stufenweise vollzieht, sondern plötzlich da ist. Es ist nichts zu tun, außer bewusst zu sein, dass ist, was ist. Dieses Bewusstsein muss aber, so paradox es klingt, eingeübt werden, und zwar in dem Sinn, dass man sich immer wieder bewusst macht, dass es keinen anderen Zeitpunkt als den gegenwärtigen gibt. Diese Einübung ist, um es noch einmal deutlich zu machen, kein Tun oder Machen im klassischen Sinn, es ist ein Vergegenwärtigen.

Innerhalb des Buddhismus bezeichnet man diese Praktik auch als Achtsamkeitsübung. Sie kann formal ausgeübt werden, dann nimmt sich der Praktizierende dafür tatsächlich eine bestimmte Zeit am Tag für die Achtsamkeitsmeditation auf dem Sitzkissen. Oder sie kann frei praktiziert werden. Dabei kann jede alltägliche Tätigkeit zum »Übungsfeld« werden. Wir können achtsam gehen und dabei im Gehen gegenwärtig sein oder wir können das Gehen als Mittel zum Zweck benutzen, um von A nach B zu gelangen. In beiden Fällen ist das Gehen von außen betrachtet völlig gleich, nicht jedoch unsere innere Gestimmtheit. Selbst Unruhe und Gehetztsein können zur Achtsamkeitsübung werden, wenn wir uns dieser bewusst werden und sie wirklich wahrnehmen. Interessant ist in diesem Zusammenhang eine Stelle in Eckharts Predigt »In hoc apparuit caritas dei in nobis«.

»Glaubst du, dass weil du ... weder Andacht noch Ernst hast, du deshalb eben, weil du keine Andacht und keinen Ernst hast, (auch) Gott nicht hast, und ist dir das dann leid, so ist dies eben jetzt (deine) Andacht und (dein) Ernst.«[9]

Wenn es mit der Andacht nicht klappt, dann arbeite eben mit der Nicht-Andacht. So eine Aussage können wir in der zeitgenössischen Spiritualitätsszene immer wieder aus dem Mund von Lehrenden hören. Aus dem Mund eines mittelalterlichen christlichen Mystikers mag sie erstaunlich klingen.

Eines der größten Missverständnisse im Bereich der Spiritualität ist, dass diese immer etwas mit Ruhe zu tun haben müsse. Weil sie aber nie ruhig sind, verschieben viele Menschen den Beginn ihres spirituellen Lebens auf den Sankt-Nimmerleins-Tag. Eckhart versuchte immer wieder, bei seinen Hörern und Hörerinnen die Vorstellung zu korrigieren, Gott sei nur in einer ganz bestimmten Art und Weise zu erfahren.

> »Man findet Leute, denen schmecket Gott wohl in einer Weise, nicht aber in einer anderen, und sie wollen Gott durchaus (nur) in einer Weise des Sichversenkens besitzen und in der anderen nicht. Ich lasse es gut sein, aber es ist völlig verkehrt.«[10]

Wenn Gott beziehungsweise die Gottheit nur ein anderer Begriff für die ungeteilte Wirklichkeit ist, dann gibt es keine bestimmte Art und Weise, ihn zu erfahren. Dann kann man mit jeder Methode und jedem Lebensvollzug Gott erfahren. Die Vorstellung einer bestimmten Weise der Gottesbegegnung verhindert genau diese Begegnung mit der immer präsenten Wirklichkeit.

Besonders in der modernen Spiritualitätsszene, die sich dem Neo-Advaita verpflichtet fühlt, wird diese Überzeugung in Satsangs, in sogenannten Lehrgesprächen zwischen Lehrenden und Schülern und Schülerinnen, thematisiert. Die Lehrenden erklären oftmals, dass sie eigentlich nichts zu lehren hätten, da es keine bestimmte Haltung gibt, um die letzte Wahrheit zu erfahren. Sie ist überall erlebbar und kann durch jeden Lebensvollzug erfahren werden. Auf die damit verbundenen Probleme oder Nebeneffekte dieser Haltung, die immer wieder auftreten, möchte ich hier nicht näher eingehen. Wichtig ist mir an dieser Stelle, nur darauf hinzuweisen, dass die Nichtthematisierung von Methoden nicht gleichbedeutend damit ist, dass derjenige, der dazu nichts sagt, mit Spiritualität nichts am Hut hat.

Vielleicht war Eckhart eine Art Satsang-Lehrer, vielleicht auch nicht.

Unabhängig davon, was Eckhart darstellte – ein Langweiler war er ebenso wenig wie ein blutleerer Schreibtischzombie. Philosophie hatte für Eckhart mit dem Leben zu tun. Er selbst war jemand, der über sich und den akademischen Betrieb seiner Zeit lachen konnte, genau wie über all die Ekstatiker und Ekstatikerinnen, die vor lauter Gottesminne und »Zucke« den Boden unter den Füßen verloren hatten.

Festen Boden unter den Füßen brauchen wir nun, wenn wir Eckhart auf seiner geistigen Bergtour folgen, und schwindelfrei sollten wir auch sein, denn Eckharts Denken rüttelt die Gehirnwindungen schon ein wenig durch und lässt uns manchmal schwanken, wenn er uns den Boden unter den Füßen der alltäglichen Gewohnheit wegzieht.

Lehre

Das Sicherungsseil, das uns bei der Erkundung von Eckharts Lehre vor dem Fall ins Bodenlose bewahrt, ist die Kenntnis und das Verständnis der philosophischen Begriffe, die er verwendet und die zu seiner Zeit in der akademischen Welt gang und gäbe waren, die uns jedoch nicht immer in der damals gemeinten Bedeutung sofort zugänglich sind. Die mittelalterliche Tradition bediente sich der philosophischen Terminologie der alten Griechen, die sie latinisierte beziehungsweise gleich auf Latein vermittelt bekam, da noch im Hochmittelalter im lateinisch sprachigen Westen kaum ein Theologe Griechisch konnte.

Gerade in seinen deutschen Predigten tauchen bei Eckhart Vorstellungen auf, die Übertragungen dieser philosophischen Termini sind. Im Kontext der philosophischen Tradition müssen diese noch nichts mit mystischen Erfahrungen zu tun haben, da sie zunächst theoretisch die Bedingungen der Erkenntnis von Wirklichkeit reflektieren. Dass diese theoretischen Reflexionen jedoch den sprachlichen Ausdrucksweisen von spirituellen Erfahrungen und Erlebnissen ähneln, denen es um das Durchdringen dieser ungeteilten Wirklichkeit oder Einheit geht, verwundert nicht. Wenn das Denken dual strukturiert ist, kann es die nonduale Wirklichkeit nicht erfassen, weder theoretisch noch praktisch. Aber es kann genau das thematisieren.

Die beiden wichtigsten antiken Denker für das Mittelalter waren Platon (427 bis 348 v. Chr.) und Aristoteles (384 bis 322 v. Chr.). Auch wenn Aristoteles 20 Jahre Schüler Platons war, folgte er seinem Lehrer nicht in allen Punkten, was dazu führte, dass er auch einige andere Begriffe in den philosophischen Diskurs einbrachte. Die beiden Zentralbegriffe seiner Metaphysik waren *hyle* (Materie) und *morphe* (Form). Als Metaphysik bezeichnet man, grob gesprochen, die Lehre, die nach den letzten Gründen oder allgemeinen Voraussetzungen fragt, welche es ermöglichen, dass etwas ist. Es geht um die allgemeinsten Prinzipien der Wirklichkeit, die man nicht mehr auf etwas anderes zurückführen kann.

Für Platon waren Ideen diese allgemeinsten Prinzipien, die im Gegensatz zu den konkreten Einzeldingen, die an jenen teilhaben, ewig und unwandelbar sind. Jeder konkrete Baum wird irgendwann vergehen, nicht aber die Idee eines Baumes, da sie nicht an den konkreten Baum gebunden ist. Alle Ideen haben ihren Grund ihrerseits in einer obersten Idee, der Idee des Guten. Die ist aber hier nicht der Gegenstand der Untersuchung.

Aristoteles übernahm die Ideenlehre Platons nicht. Er verwarf dessen Annahme, dass die Ideen unabhängig von konkreten Dingen existieren. Er nannte dagegen die Ideen Formen und band sie fest an konkrete Dinge.

Ob Form (*morphe*) oder Idee (*eidos*) ist im Moment nicht so entscheidend, wesentlich ist hier, dass sowohl für Platon wie für Aristoteles nur die Form oder Idee etwas Allgemeines und damit etwas Universelles ist. In diesem Allgemeinen können wir etwas vom Wesen dessen, was Seiend ist, erkennen. Seiend bezeichnet alles, was in dieser Welt existiert. Wir können in allen Bäumen, die weltweit existieren, erkennen, was allen Bäumen gemeinsam ist. Daher können wir Bäume von Sträuchern oder Blumen unterscheiden. Eckhart würde von der Baumheit oder dem Baumwesen sprechen, die allen Bäumen gemeinsam ist, wie unterschiedlich die einzelnen Bäume auch sein mögen. Und damit sind wir schon mittendrin in der philosophischen Begrifflichkeit.

Das, was hier gerade mit Baumheit umschrieben wird, wird philosophisch »Wesen« oder »Substanz« oder »Essenz« genannt. Auf Griechisch ist das die *ousia*, auf Lateinisch die *substantia* oder *essentia*. Für Platon war die Idee einer Sache wirklicher als die Sache selbst, da die Idee im Gegensatz zur Sache eben unveränderlich ist. Für Aristoteles war hingegen die einzelne wirkliche Sache wichtiger.

Entsprechend dieser Vorstellung verleiht das Wesen einem Ding dauerhaft seine Identität, egal, was sich auf der raum-zeitlichen Ebene verändert. Ein konkreter Baum kann wachsen, im Frühjahr und im Herbst seine Farbe verändern, Blätter verlieren und somit seine Gestalt verändern, dennoch ist er deshalb kein anderer Baum. Sein Baumwesen ist von diesen Veränderungen nicht betroffen. Anders als das ihm von außen Hinzukommende, was man als Akzidens oder im Plural Akzidentien, griechisch *symbebekota*, bezeichnet. Das Akzidens kommt der Essenz oder Substanz zufällig hinzu und haftet ihr als nähere Bestimmung an. Ob ein Baum krumm oder gerade ist oder groß oder klein ist, ist etwas Akzidentelles. Daran erkennen wir einen ganz konkreten Baum und können ihn identifizieren. Aber diese Akzidentien sind nichts, was einen Baum wesenhaft ausmacht.

Mit dem Begriff der *ousia* ist ein anderer Terminus aufs Engste verbunden, der in Eckharts Denken eine wichtige Rolle spielt und über den wir noch mehr hören werden: das »Sein«, griechisch *einai*, lateinisch *esse*. Das Wesen Gottes oder das Wesen der Wirklichkeit an sich wurde in der abendländischen Philosophie oftmals mit dem Begriff des Seins umschrieben. Sein ist das, was aus sich selbst besteht und nichts anderes zum Sein benötigt. Damit unterscheidet es sich von allem, was wir in dieser Welt kennen, inklusive unserer selbst. Alles, was entstanden ist, entstand aus etwas anderem und ist von diesem abhängig. Ohne das andere könnte es nicht sein. Damit hat es kein Sein aus sich. Die philosophische Tradition spricht hier auch vom Seienden, das vom Sein unterschieden ist, weil es von diesem abhängt. Damit das

Bedingte sein kann, bedarf es eines Unbedingten. Dieses Unbedingte wurde oft mit dem Begriff »Gott«, »Gottheit« oder »dem Absoluten« umschrieben.

Weil dieses Sein oder Absolute von nichts abhängt, ist es nur eines, außer ihm gibt es nichts, was aus sich bestehen könnte. Aus diesem Grund wird das Sein an sich auch als Eines, griechisch *hen*, lateinisch *unum*, bezeichnet. Es ist die Ursache von allem, was ist. Dieses Eine hat aber nichts mit der mathematischen Zahl Eins zu tun, die im Verhältnis zu anderen Zahlen steht und damit wieder durch diese bedingt ist. Das philosophische Eine ist die eine, ungeteilte Wirklichkeit, die aber so wenig wie das Sein an sich begrifflich beschrieben werden kann, da Begriffe immer in der Pluralität und Dualität beheimatet sind. Was gut ist, weiß ich nur aufgrund seines Gegenteils und so weiter. Eckhart benutzt all diese philosophischen Begriffe in seinen Werken, um den Menschen zu erklären, worum es ihm geht.

Wenn Ihnen jetzt der Kopf schwirrt, dann sind Sie mental bestens auf das Folgende vorbereitet. Sollte Ihnen aber so schwindlig sein, dass Sie etwas Erholung brauchen, dann lesen Sie doch einfach das Kapitel zur Gelassenheit.

Die Gotteslehre

Eckharts Denken bewegt sich in groben Zügen zwischen zwei Bereichen: dem des Absoluten und dem des Relativen. Beide sind jedoch nicht wesenhaft unterschieden, sondern sie erscheinen nur als getrennt. Wer mit Eckhart geistig unterwegs ist, sollte eine gewisse Flexibilität mitbringen, denn er steigt nicht nur vom Relativen zum Absoluten schnell auf und ab, sondern wechselt, wenn es sein muss, auch zwischen dualer und nicht dualer Perspektive. Zu wissen, wo er gerade argumentativ steht, erleichtert die Orientierung etwas.

An dieser Stelle möchte ich aber gerne noch etwas zum Thema Einheitslehre beziehungsweise Nondualitätslehre anfügen. Genau genommen sind beide nicht identisch. Einheitsmystische Traditionen betonen, dass die ganze Wirklichkeit nur eine ist. Da dieses Eine aber eine geistige Größe darstellt, ist alles weltlich Erfahrbare aus dieser Perspektive nicht an sich seiend. Salopp formuliert heißt das: Alles Materielle ist nur Illusion. Natürlich nicht in dem Sinn, dass es gar nicht da ist, sondern in dem Sinn, dass es aus sich selbst kein unwandelbares Sein hat, weswegen es vergänglich ist. Bedeutung hat damit nur das eine geistige Sein, in dem sich alles andere auflöst. Wobei »auflösen« ein unpassender Begriff ist, denn das würde eine substanzhafte Veränderung implizieren. Um es einfach etwas herunterzubrechen: Die Einheitsdenker fühlen sich in der geistigen Einheit wohler als in deren materieller »Ausdünstung«. Aus diesem Grund begegnet uns auch in vielen Einheitslehren eine recht ausgeprägte Weltverachtung. Aus lauter Angst, sich mit dem Bedingten zu identifizieren beziehungsweise ihm auf den Schein-Leim zu gehen, meidet man es ganz.

Die Nondualitätsdenker sind nun über den kleinen Widerspruch gestolpert, dass, wenn alles nur eines ist, die Welt des Materiellen doch eigentlich nicht von der Welt des Geistigen unterschieden sein kann, ja dass schon die Rede von zwei Welten falsch ist. Der vermutlich bekannteste Nondualitätsphilosoph war der im 2. Jahrhundert unserer Zeit in Indien lebende Buddhist Nagarjuna. Von ihm stammt der Ausspruch: »Nirvana ist gleich Samsara und Samsara ist gleich Nirvana.« Die »absolute Wirklichkeit«, die Erlösung ist also nicht zu trennen von der Welt des Wandels, allerdings nur für den, der diese Nondualität erlebt hat. Wer den Gedanken der Nondualität ernst nimmt, für den dürfte diese Welt kein schnell zu überwindendes irdisches Jammertal mehr sein, da sie selbst eine Ausdrucksform dieser einen Wirklichkeit ist.

In der Zen-Tradition gibt es dafür ein schönes Bild. Es ist das letzte und zehnte Bild des sogenannten Ochsenzyklus. Dieser illustriert die Suche des Menschen nach seinem wahren Selbst, nach der einen ungeteilten Wirklichkeit. Im Bilderzyklus steht dafür der Ochse. Als der Ochsenbesitzer den Ochsen endlich gefunden und domestiziert hat, lösen sich beide schlussendlich auf. Doch das ist erst das achte Bild, das für das große Erwachen steht. Im zehnten Bild sehen wir den Menschen wieder quietschvergnügt mitten im Getümmel eines Marktes sitzen. Das meint: Die Erleuchtungserfahrung ist nicht von der Welt zu trennen. Nondualität und Dualität sind verbunden. Alles ist Ausdruck der einen Wirklichkeit. Bodhidharma, der als erster Patriarch des Zen gilt, formulierte diesen Zustand so: »Offene Weite – nichts von heilig.« Damit soll aber nicht gesagt sein, dass alle Vertreter der Nondualitätslehre stets ein positives Verhältnis zur Welt gehabt hätten. Theoretisch wäre es jedoch die stimmige Konsequenz dieser Lehre.

Doch zurück in den Westen. Wenn wir ehrlich sind, gab es innerhalb der westlichen Tradition kaum Protagonisten dieser Idee. Sogar die oft zitierten Denker Plotin oder Eckhart vertreten mehr eine Einheitslehre als eine Nondualitätslehre, wobei Eckhart nicht Eckhart wäre, wenn es nicht einzelne Stellen in seinem Werk gäbe, die sehr nondual klingen. Und damit kommen wir zum ersten Punkt seiner Lehre, dem Verhältnis von Gottheit und Gott.

Gottheit und Gott

Gott und Gottheit sind zwei Begriffe, die uns bei Eckhart immer wieder begegnen. Was wie zwei getrennte Dimensionen erscheint, ist in Wirklichkeit jedoch nur eine Sache der Perspektive. Wenn Eckhart auf die reine Einheit verweisen möchte, dann benutzt er sehr gerne den Begriff der Gottheit. Gott hingegen bezeichnet den Aspekt der Gottheit, in dem der Wandel der Wirklichkeit stattfindet. Er ist von außen betrachtet das dynamisch wahrgenommene Element der unwandelbaren Gottheit. Deswegen sagt Eckhart, der einzige Unterschied zwischen Gottheit und Gott liege darin, dass

> »Gott wirkt, die Gottheit wirkt nicht, sie hat nichts zum Wirken, in ihr ist kein Werk. Sie blickt nie auf ein Werk. Gott und Gottheit unterscheiden sich durch Wirken und Nicht-Wirken«.[11]

Es ist wichtig, sich bewusst zu machen, dass diese Unterscheidung nur eine gedankliche Trennung ist.

Wenn wir einen Blick nach Indien werfen, treffen wir dort in der Tradition des Advaita-Vedanta bei Shankara auf ein ganz ähnliches Konzept. Shankara lebte im 7./8. Jahrhundert und gilt als wichtigster Denker dieser Strömung. Shankara unterschied zwischen Nirguna-Brahman, dem eigenschaftslosen Brahman, und Saguna-Brahman, dem eigenschaftsbehafteten Brahman. Während Nirguna-Brahman nur mit Negationen umschrieben werden kann, weil es der unbedingte Urgrund von allem ist, selbst unerkennbar und unaussprechbar, ist Saguna-Brahman der Schöpfergott, genau wie Gott bei Eckhart. Gott kann durch seine Schöpfung erkannt werden. Er ist Gegenstand und Objekt der Verehrung, da ihn der Mensch als ein Gegenüber erlebt und erfährt.

Das Ziel des menschlichen Lebens erschöpft sich aber nicht in der Verehrung Gottes als ein Gegenüber, sondern Gott soll als der Urgrund der eigenen Seele erlebt und erfahren werden. Diesen Urgrund bezeichnen beide als Gottheit. Jene eigenschaftslose Gottheit, Nirguna-Brahman, kann aber nur im eigenen Inneren erfahren werden, wenn es gelingt, dieses eigene Innere völlig leer von Anhaftungen und Eigenschaften zu machen. Korrekterweise müsste man sagen: wenn es dem Menschen gelungen ist, sich nicht mehr mit den Eigenschaften zu identifizieren, die seine Egostruktur kennzeichnen. Das Innere bezeichnete Shankara als Atman und Eckhart als den Seelenfunken. Dazu nachher mehr.

Die Ähnlichkeit zwischen dem Advaita-Vedanta und Eckharts Denken ist ganz sicher nicht auf historische Beeinflussung zurückzuführen. Eckhart wusste von dieser geistesgeschichtlichen Tradition Indiens nichts. Es ist wohl eher eine strukturelle Ähnlichkeit im Denken. Doch unabhängig davon, woher die Ähnlichkeit kommt: Menschen, die sich mit indischer Spiritualität beschäftigt haben, erscheint Meister Eckhart oft sehr vertraut.

Zurück zu Eckharts Unterscheidung von Gottheit und Gott. Gott ist aus menschlicher und damit aus der unterscheidenden Sichtweise die Seite der Transzendenz, die der Immanenz, sprich der Welt, gegenübersteht. Die Rede von Gott als dem Anderen ist aus dieser Warte stimmig. Hier gibt es das Bedingte, Veränderliche und Wandelbare, das alles Geschaffene ist und das dem Unbedingten, Ewigen und Unwandelbaren, das Gott ist, gegenübersteht. Dummerweise wird damit jedoch ein radikaler Keil zwischen beide Bereiche geschoben. Hier unten das irdische Jammertal, dort oben die ewige Glückseligkeit. Das entspricht nicht der einheitlichen Struktur der absoluten Wirklichkeit, wie wir gerade gesehen haben, jedoch dem menschlichen Denken, weshalb die Welt der Götter oder Gottes immer von der Welt der Menschen getrennt gedacht wurde. Diese Sphärentrennung war und ist auch für die traditionelle christliche Theologie prägend, nicht aber für Eckhart. Das wurde ihm am Ende dann leider auch zum Verhängnis. Einige seiner verurteilten Sätze haben mit seiner Einheitslehre zu tun, die man für häretisch erachtete.

Gott hat für Eckhart aber noch eine zweite Bedeutung: Er ist der Gott der trinitarischen Theologie. Zur christlichen Trinitätslehre sei an dieser Stelle ein kleiner Exkurs gestattet, denn ohne diesen fällt es relativ schwer zu verstehen, wie Eckhart auf seine recht kreative Trinitätslehre kam, von der auch noch die Rede sein wird. Doch zuvor noch eine Anmerkung zur Verwendung des Gottesbegriffs: Aus welchen Gründen auch immer – vermutlich als Reminiszenz an die eigene christliche Tradition – verwendete Eckhart den Begriff Gott auch, wenn er eigentlich die weiselose Gottheit meinte. Wenn man seine Schriften liest, muss man also immer dem Argumentationsgang folgen, um zu unterscheiden: Ist nun Gott oder die Gottheit gemeint? Wenigstens ist die Verwendung des Begriffs der Gottheit eindeutig. Gottheit ist Gottheit.

Ein kleiner trinitätstheologischer Exkurs

Von den anderen beiden monotheistischen Religionen, Islam und Judentum, unterscheidet sich das Christentum bekanntermaßen darin, dass es den einen Gott in drei *Hypostasen*, wie es auf Griechisch heißt, denkt. Hypostase müsste im Deutschen mit »Grundlage« oder »Wesen« wiedergegeben werden, genau wie der Begriff *ousia*. Die klassische christliche Trinitätslehre, die 381 auf dem Konzil von Konstantinopel verabschiedet wurde, lautet: »*Mia Ousia treis hypostaseis*« – »Ein Wesen, drei Hypostasen«. Oder, in der lateinischen Übersetzung: »*Una substantia, tres personae*«. Die lateinische Übersetzung des Begriffs »Hypostase« mit »Persona« hat dem Ganzen jedoch einen recht unerfreulichen Drall Richtung dreier eigenständiger Individuen gegeben, so als handele es sich hier um drei eigenständige Gottheiten. Es ist nicht sonderlich verwunderlich, dass das Christentum von außen oft als Tritheismus, als Lehre von drei Göttern verstanden wurde.

Doch worum ging es in der Trinitätsdebatte eigentlich? Für die ersten Christen war von Beginn an klar, dass sie als gläubige Juden, die in Jesus den Messias sahen, Monotheisten sind, also nur an einen Gott glauben. Nur hatte dieser Gott nach christlicher Überzeugung eben einen Sohn. Die Frage war nun, in welchem Verhältnis der Sohn zum Vater steht. Die gleiche Frage wiederholte sich später mit dem Heiligen Geist. In der Bibel fand man dazu keine Antwort, denn sie kannte keine ausgearbeitete Trinitätslehre. Ordnete man den Sohn dem Vater unter, was viele frühe Christen taten, dann ließ sich der Monotheismus relativ leicht beibehalten, aber es tauchte eine andere Frage auf: Kann einer, der gar nicht Gott im vollen Sinn ist, die Menschheit erlösen? Nein, kann er nicht, sagten einige, daher muss er genauso Gott sein wie der Vater. Also doch zwei Götter? Der ganze Streit der ersten vier Jahrhunderte drehte sich im Wesentlichen um diese beiden Problemfelder.

Eine Lösung schien in Sicht, als sich verschiedene christliche Theologen mit der neuplatonischen Philosophie zu beschäftigen begannen. Die benutzte für ihre Beschreibung des Verhältnisses der absoluten Wirklichkeit zum Weltgeist und der Weltseele in ihrem Denkgebäude einige Begriffe, von denen man sich auch christlicherseits die Lösung erhoffte: *Ousia* (Wesen) und *Hypostase* (Grundlage, Seinsstufe, auch Wesen), wobei die Hypostasen der Neuplatoniker hierarchisch gestuft waren. Das wollten die Christen nicht. Der Sohn war dem Vater nicht untergeordnet, sondern wesensgleich. Das hatte man dogmatisch 325 auf dem Konzil von Nizäa bestimmt. Da Hypostase aber nicht nur Seinsstufe, sondern zudem Wesen heißen konnte, definiert man christlicherseits das Verhältnis von Vater, Sohn und Geist auch als hypostatisches, was übersetzt etwa lautetet: Gott ist ein Wesen in drei Wesen. Alles klar? Nein? Macht nichts, so ging es nämlich auch denen, die Ende des vierten Jahrhunderts diese dogmatische Formel der Trinitätslehre entwarfen.

Um ins Wesensgewirr etwas Klarheit zu bringen, unterschieden einige Theologen die Hypostasen nach ihrem Entstehen: der Vater ist ungezeugt, der Sohn gezeugt und der Geist aus diesen hervorgegangen, und alle drei sind eins im Wesen Gottes. Mit der Frage des konkreten Hervorgehens des Geistes aus Vater und Sohn, entweder simultan oder in der Reihenfolge: vom Vater durch den Sohn, wollten sich das griechisch geprägte Konzil nicht mehr beschäftigen. Der ursprüngliche Konzilstext schwieg sich darüber aus. Ein bisschen Geheimnis in der ach so klaren Trinitätslehre sollte dann doch gewahrt bleiben. Die alten Lateiner wollten es aber genauer wissen und fügten dem ursprünglichen Text ein Wörtchen hinzu: »*filioque*« (»und dem Sohn«). Der Geist geht demnach aus dem Vater *und* dem Sohn hervor. Dieses kleine Wörtchen führte zur ersten großen Kirchenspaltung. 1054 trennte sie sich in die katholische und die orthodoxe Kirche, denn die Griechen sahen diese Geschichte dann doch eher als Hervorgang vom Vater durch den Sohn. Tja, so geht es, wenn man alle Geheimnisse ausplaudern oder ergründen will.

Man kann sicherlich sagen, dass die dogmatische Formel der christlichen Trinitätslehre in der eingangs zitierten Formel »*Mia ousia treis hypostaseis*« für den

Verstand eine harte Nuss war. Deshalb erklärten nicht wenige Theologen des Mittelalters das Verständnis der Trinitätslehre zu einer übernatürlichen Sache. Ohne göttliche Zusatzportion Weisheit, sprich Offenbarung, kann man da gar nichts verstehen. Aber weil man es nicht verstehen kann, darum soll man es glauben, gemäß des tertullianischen Credos: »*credo quia absurdum*« (»Ich glaube, weil es unverständlich ist«). So argumentierte man im Mittelalter nicht, so argumentieren nur boshafte moderne Menschen. Im Mittelalter stand der Glaube für viele Theologen deutlich über der Vernunft, von deren Beschränktheit man sich tagtäglich überzeugen konnte. Der Glaube war in der Heiligen Schrift geoffenbart, weshalb man ihm glauben musste, da es sich um eine Glaubenswahrheit handelte. Von dieser Idee hielt nun Eckhart wieder recht wenig. Er hatte schließlich den Anspruch, mittels Vernunft die Dinge verständlich zu machen.

Willkommen im Gotteskarussell!

Eckhart wäre nicht Eckhart gewesen, hätte er nicht das Unmögliche gewagt. Er war davon überzeugt, dass auch die Trinitätslehre mit der Vernunft zu begreifen sei. Diese Überzeugung hing vermutlich mit einer seiner Grundannahmen zusammen: Eckhart hatte Gott in seinen Werken, ganz im Sinn der platonisch-aristotelischen Sichtweise, immer wieder als reinen *intellectus*, als reine Vernunft bezeichnet. Wenn Gott nun wesenhaft Vernunft ist, an der wir Menschen mittels Vernunft teilhaben, dann ist es irgendwie verständlich, dass Eckhart überzeugt war, eine theologische Lehre, so sie über Gott Wahres sagt, sei durch die Vernunft nicht zu erklären. Und Eckhart wäre ebenfalls nicht Eckhart gewesen, würde er der Vernunft nicht, wenn es auch manchmal etwas zäh scheint, auf die Sprünge helfen. Wie dieses sportive Sprungtraining aussah, wollen wir uns jetzt etwas genauer ansehen.

Eckhart hatte mehrere Modelle, anhand derer er die Trinitätslehre auslegte, unter anderen das der Transzendentalien. Transzendentalien sind Grundbegriffe, die allem Seienden zukommen. Thomas von Aquin verstand sie als Bestimmungen Gottes. Nicht so Eckhart. Die Transzendentalien *verum*, *bonum*, *unum* – Wahres, Gutes, Eines – bezog er direkt auf Gott. Gott ist die Wahrheit, Gutheit, Einheit. Für Thomas wäre die Wahrheit nur ein Attribut, eine Eigenschaft Gottes gewesen. Weil Eckhart sie mit Gott identifizierte, konnte er sie auch mit den göttlichen Hypostasen in Verbindung bringen. Das Eine wird für ihn zum Vater, der aller Vielheit vorausgeht. Das Wahre ist der Sohn und das Gute der Geist.

Doch das ist, wie gesagt, nur einer der Versuche von Eckharts Seite, etwas über die Trinität zu sagen. Der meines Erachtens genialere ist der, in dem er seine Trinitätsvorstellung mit der Lehre vom Verhältnis der Gottheit zu Gott verband. Ausgangspunkt der ganzen theoretischen Überlegungen bei Eckhart ist die »weiselose Gottheit«, die also nichts tut und macht, sondern einfach nur ist. Damit wäre eigentlich alles gesagt. Die Wirklichkeit ist wirklich.

Der zweite Ausgangspunkt seiner Überlegung sind wir selbst und damit die ganze Welt. Das hat nichts mit Unbescheidenheit zu tun, sondern mit der Einsicht, dass wir Menschen und alles, was irgendwie existiert, das gleiche Schicksal teilen: Wir sind wandelbar und vergänglich, und das können wir erkennen. Damit unsere Vorstellungskraft auch etwas zu tun hat, setzen wir in einem fiktiven Bild die weiselose Gottheit, die nichts tut, nach oben und ihr gegenüber unten ins Bild die Kreatur, also uns und die Welt. Und jetzt lassen wir unseren Verstand von der fiktiven Leine – nein, die ist nirgendwo auf dem fiktiven Gottheits-Kreatur-Bild eingezeichnet – und ihn die Lösung suchen, wie beide zusammengehören.

Falls Sie gerade einen Blackout hatten, sollten Sie sich jetzt wieder in den Achtsamkeitsmodus versetzen, denn nun geht es um die Lösung *der* zentralen philosophischen Frage seit Jahrtausenden: Wie gehen Einheit und Vielheit oder Differenz und Identität oder Sein und Nichtsein zusammen? Die Antwort der Einheits- oder Nondualitätsdenker sei schon vorweggenommen: Gar nicht, weil sie nie getrennt waren! Das tut nur unser Verstand, der jetzt verzweifelt die Lösung zu einem Problem sucht, das nur in seiner Einbildungskraft existiert. Weil er das aber im Moment noch nicht verstehen kann, bekommt er etwas Futter.

Folgendes Modell stellte sich Eckhart vor: Diese nichtstuende Gottheit, die völlig in sich ruht – wo auch sonst, wenn sie alles ist –, weiß nicht einmal von sich. Denn um von sich zu wissen, dürfte sie nicht völlig identisch mit sich selbst sein – wer oder was sollte wen oder was in der reinen Ununterschiedenheit ansehen? Sie ruht und ruht und ruht – und plötzlich wird es ihr langweilig, das glaubt zumindest unser Verstand, der ja immer noch die Lösung für sein selbstgemachtes Problem sucht. Und weil es der Gottheit etwas langweilig ist, blinzelt sie sich selbst zu, natürlich nur ein ganz kleines bisschen, weil sie ja eigentlich nichts tut. Das ist der erste Akt der Selbstbewusstwerdung, allerdings noch mehr eine Möglichkeit als schon Realität. Die göttliche Wesenheit sieht sich in diesem Moment immer noch ganz einfach, im wörtlichen Sinn: Da ist nichts Zweites. Eigentlich sieht sie somit gar nichts. Und doch ist ein erster Impuls da. Eckhart spricht hier von der Natur der Gottheit, die sich mit Vielheit bekleidet, anders als die Gottheit in ihrem Selbstsein, das völlige Ruhe und Ununterschiedenheit kennzeichnen.

Und ehe es sich die Gottheit versieht, hat sie die Augen auf und sieht sich selbst. Sie kennen das, wenn Sie noch schlaftrunken im Bett liegen, vor sich hin blinzeln und noch nicht so recht da sind – und plötzlich sind Sie hellwach.

Was sieht nun die Gottheit? Sie sieht sich als Schauender in der Gestalt von Gott Vater und als Angeschauter in der Gestalt von Gott Sohn. Denn wenn wir vom Schauen reden, braucht es immer einen, der schaut (ein Subjekt), und etwas oder jemanden, das oder der angeschaut wird (ein Objekt). Das Subjekt, das schaut, bekommt in diesem Fall den Namen »Vater«. Und das Objekt, das angeschaut wird, bekommt den Namen »Sohn«, obwohl im Prozess des Schauens die Gottheit immer nur sich selbst sieht, weil außer ihr ja nichts ist. Aber als Sehende ist sie Vater und als Angeschaute ist sie Sohn. Beide sind jedoch wesenhaft eins, also realiter nicht zu trennen. Natürlich würde ein islamischer oder jüdischer Verstand auf der Suche nach der Lösung seines selbstgemachten Verstandesproblems keine Gottheit erblicken, die sich als Vater und Sohn anschaut. Aber Eckhart kommt aus der christlichen Tradition, und deshalb erkennt sich die Gottheit als Vater und Sohn.

Weil die Gottheit das, was sie sieht, so toll und schön findet, möchte sie dieses großartige Gefühl aus sich ausfließen lassen und sich offenbaren. Allerdings gibt es kein Außen, weil sie alles ist (natürlich gibt es auch kein Innen). Dieser Ausfluss ist pure Liebe und hat den Namen »Geist«. Da waren es schon drei. Die Trinität ist vollständig. In diesem Ausfließen, das im reinen Erkennen stattfindet, denkt die Gottheit/Gott zugleich auch die gesamte Schöpfung, die wieder in den göttlichen Urgrund zurückmöchte.

> »*Darum spricht der Vater den Sohn allzeit in der Einigkeit und entgießt in ihm alle Kreaturen. Die*

rufen alle danach, wieder ›dort‹ hinein zu kommen, wo sie ausgeflossen sind. Ihr ganzes Leben und ihr Sein, das ist alles ein Rufen und ein Eilen wieder hin zu dem, von dem sie ausgegangen sind.«[12]

Der Kreis hat sich geschlossen.

Wir als denkende und erkennende Wesen, die in diesem Schöpfungsprozess aus dem Urgrund heraustraten, erkennen diesen aber nicht. Wir sehen nicht, dass wir immer in diesen Prozess hineingenommen sind. Wir sehen uns als ein von der Gottheit unterschiedenes Ich, und als solches können wir den eigenen Urgrund nur als Objekt, als ein Gegenüber erfassen, das wir als Gott bezeichnen. Aus diesem Grund kann Eckhart wieder eine seiner Radikalaussagen tätigen: Dass Gott ist, dafür sind wir die Ursache. Gott entsteht erst dort, wo die Seele nicht erkennt, dass sie wesenhaft Gott ist. Wir »schaffen« Gott, weil wir ihn zu einem Objekt unseres Erkennens machen.

»Gott wird (›Gott‹), wo alle Kreaturen Gott aussprechen: da wird ›Gott‹. Als ich (noch) im Grunde, im Boden, im Strom und Quell der Gottheit stand, da fragte mich niemand, wohin ich wollte oder was ich täte: Da war niemand, der mich gefragt hätte. Als ich (aber) ausfloss, da sprachen alle Kreaturen: ›Gott‹.«[13]

In diesem Kontext wird eine weitere Aussage Eckharts wohl ebenso verständlich:

> »*Darum bitte ich Gott, dass er mich ›Gottes‹ quitt mache, denn mein wesentliches Sein ist oberhalb von Gott, sofern wir Gott als Ursprung der Kreatur fassen.*«[14]

Ein Gott als Objekt, als Produkt des unterscheidenden Geistes, das ist nicht der göttliche Urgrund, deshalb möchte Eckhart, dass er davon frei wird.

Und das sei noch ganz am Rande nachgeschoben: Der Erfinder dieses sehr dynamischen Modells, mit dem Eckhart arbeitete, war der neuplatonische Philosoph Proklos, der im 5. Jahrhundert lebte und dessen Schriften zur Zeit Eckharts zum Teil schon wieder durch die Übersetzungen Wilhelm von Moerbekes (um 1215 bis 1286) bekannt waren. Der Flame Moerbeke war katholischer Bischof in Korinth, weshalb er des Griechischen mächtig war. Er übersetzte neben Aristoteles auch Proklos' Schrift »Grundlagen der Theologie« ins Lateinische, die somit den westlichen Theologen zugänglich wurde. Den Text kannte man allerdings indirekt schon, jedoch unter einem anderen Namen, nämlich als »*Liber de Causis*«. Man hielt ihn, bis Moerbekes Übersetzung bekannt war, für ein Werk des Aristoteles. Das »*Liber de Causis*« war die lateinische Übersetzung eines im 9. Jahrhundert von einem arabischen Theologen verfassten Werkes mit dem Titel »Abhandlung über das reine Gute«. Darin fasste der muslimische Theologe verschiedene neuplatonische Texte, unter anderen auch Proklos' »Grundlagen der Theologie«, zusammen.

Aber selbst wenn Proklos' Schriften für immer verloren gegangen wären, wüssten wir in etwa, was er gedacht hat, da der christliche Theologe Dionysius Areopagita – ein Zeitgenosse und maßloser Bewunderer des Proklos – dessen Lehren in seine eigenen Schriften recht gut integrierte. Vor einer universitären Antiplagiatskommission zu bestehen würde Dionysius mit seinem Werk heute einige Probleme bereiten, aber wir danken ihm seine detailgetreue Bewunderung des Proklos dennoch. Dionysius beeinflusste die christliche Theologie des Mittelalters sehr stark, natürlich nicht so sehr in seiner Rolle als Proklosplagiator, sondern als Schüler des Apostels Paulus – die nächste Plagiatsrolle, die, wie bereits gesagt, erst in der Renaissance entdeckt wurde.

Was den syrischen Bischof Dionysius bewog, in die Rolle dieses Mannes zu schlüpfen, kann man nur erahnen, wenn man weiß, dass es in der Antike durchaus zum guten Ton gehörte, im Namen einer bedeutenden Person Texte zu verfassen. Wir denken nur ans Alte Testament und die »Weisheit Salomos«, die mit König Salomo nur den Namen gemeinsam hat, oder an Platonbriefe, die Platon nie schrieb. Wie dem auch sei: Danken wir unserem Dionysius, dass er die Rolle des Apostelschülers wählte, denn so konnte er mit dieser Autorität problemlos neuplatonische Gedanken ins Christentum einführen. Er war nicht der Erste, der das tat, aber einer, der es am radikalsten durchzog. Dass Dionysius zu Eckharts Lieblingsautoren zählte, muss wohl nicht mehr eigens erwähnt werden.

Sein oder Nichtsein, das ist hier die Frage

Ein anderer Begriff für die Gottheit bei Eckhart ist der des Einen. Wenn Eckhart von der Einzigkeit Gottes spricht, so argumentiert er weniger vom biblischen Verständnis her, sondern der biblische Monotheismus wird philosophisch begründet und erläutert. Eckhart verschärfte die monotheistisch-biblische Gotteslehre unter Zuhilfenahme der neuplatonischen Lehre vom Einen. Gott ist seiner Ansicht nach

> *»ein lauteres reines, klares Eines ... abgesondert von aller Zweiheit ...«.*[15]

Dieses Eine hat nichts mit der mathematischen Zahl Eins zu tun, sondern es steht für etwas, dem nichts zugelegt oder zugefügt werden kann. Es ist die eine Wirklichkeit. Wenn Gott nur Einer ist und der Urgrund alles Existierenden, dann kommt auch nur ihm wahre Existenz/wahres Sein zu. Außer Gott ist nichts, da er der Grund von allem ist. Alles, was ist, ist nur durch ihn. Nichts in dieser Welt ist aus sich selbst. Alles verdankt sein Sein Gott, der das alleinige Sein ist.

Damit sind wir bei einem anderen Begriff, dem des Seins. Gott ist das Sein. Dass Eckhart in seinen berühmten Pariser Quaestionen, die er 1302/1303 in seiner ersten Pariser Professorentätigkeit verfasst hatte, bestreitet, dass Gott Sein ist, weil er in dieser Phase seines Schaffens dem Begriff »Erkennen« den Vorzug gibt, soll uns im Moment nicht weiter stören. Diese Umetikettierung hat letztlich mit dem zu tun, was im Folgenden über das Sein und das Nichts zur Sprache kommen wird.

Bleiben wir beim Begriff des Seins. Gott ist Sein, weil er allem, was ist, Sein verleiht. Der Begriff »Sein« stammt, wie bereits angemerkt, aus der griechischen Philosophie und war in der platonisch geprägten abendländischen Philosophietradition eingebürgert. Er bedurfte keiner besonderen Erläuterungen. Wahres Sein kam bei Platon nur dem Unwandelbaren und Ewigen zu, also den Ideen und in vollendeter Form der »Idee des Guten«, die bei ihm ein Synonym für das Absolute war. An diese Tradition knüpfte Eckhart an.

Da aber der Begriff des Seins auch für alles Existierende verwendet wurde, sprich für alles, was wir sehen, anfassen, schmecken, messen und was auch immer noch tun können – meist sprach man hier vom Seienden –, wollte Eckhart sicherstellen, dass es zu keinen Verwechslungen kommen könne. Schließlich besteht aus unserer Perspektive sehr wohl ein Unterschied zwischen der Welt der Veränderung und dem unveränderlichen Gott. Um deutlich zu machen, dass Gott eben nichts Bedingtes,

Wandelbares oder Veränderliches sei, bediente er sich des Vokabulars der negativen Theologie und sprach Gott kurzerhand das Sein ab. Und was ist ein Nicht-Sein? Genau – es ist nichts oder noch besser: das Nichts. Ein lauteres, sprich »reines Nichts«, wie Eckhart sagt. Weil Gott nichts Seiendes im Sinn des konkret Fassbaren ist, ist er ein reines Nichts.

> *»Ich würde etwas ebenso Unrichtiges sagen, wenn ich Gott ein Sein nennte, wie wenn ich die Sonne bleich oder schwarz nennen wollte. Gott ist weder dies noch das. ... Wenn ich aber gesagt habe, Gott sei kein Sein und über dem Sein, so habe ich ihm damit nicht das Sein abgesprochen, vielmehr habe ich es in ihm erhöht.«*[16]

An dieser Stelle darf ich noch einmal darauf zurückkommen, dass Eckhart in einer Phase seines Schaffens Gott als »Erkennen« und nicht als »Sein« bezeichnet wissen wollte. Wenn das Sein das erste aller erschaffenen Dinge ist, das heißt erschaffbar ist, dann kann Gott natürlich nicht ein solches Sein sein, sonst wäre er etwas Erschaffbares. Erkenntnis und es geht um die göttliche Erkenntnis – ist diesem Sein vorgeordnet. Erinnern Sie sich an die Lehre vom Verhältnis der Gottheit zu Gott! Das hilft zu verstehen, wieso Eckhart das Erkennen dem Sein vorordnet. Dort war es auch so, dass sich die Gottheit erst erkennt und dann schafft sie.

Um die Nicht-Erschaffbarkeit Gottes klar zu betonen, bezeichnet Eckhart ihn als ein Nichts. Ein Nichts ist nichts Fassbares, Vorstellbares, Begreifbares. Damit entzieht sich Gott allen Kategorien und Konzepten, und aus diesem Grund beschreibt der Begriff »Nichts« Gott besser als der des »Seins«. Doch egal, wie die Begriffe lauten, es geht letztlich immer darum zu zeigen, dass Gott, sprich die Gottheit, weder geschaffen noch veränderlich noch irgendetwas ist, das sich der menschliche Geist vorstellen kann. An dieser Erfahrungsdimension prallen alle Begriffe ab. Aus diesem Grund lehrt Eckhart dann schließlich: Gott ist weder ein Sein noch ein Nichts. Sogar der Begriff des Nichts kann das Wesen Gottes nicht adäquat wiedergeben. Denn letztlich ist mit dem Begriff »Nichts« auch sein Gegenteil »Sein« verbunden. Beide Begriffe bedingen sich gegenseitig, wie »heiß« und »kalt«. Von kalt kann ich auch nur sprechen, weil ich weiß, was heiß bedeutet, und umgekehrt. Da ist es nur konsequent zu sagen:

»*Er ist ein überseiendes Sein und eine überseiende Nichtheit.*«[17]

Gott ist jenseits aller Unterschiede, eben auch jenseits von Sein und Nichts, denn er ist die reine Ununterschiedenheit, wie Eckhart immer wieder betont:

»*Ununterschiedenheit ist Gott eigentümlich, Unterschiedenheit aber den Geschöpfen ...*«[18]

Auf den ersten Blick kann Eckharts System etwas verwirrend wirken, weil er die Begriffe »Sein« und »Nichts« sowohl im Kontext Gottes wie in dem des Geschaffenen, also Kreatürlichen verwendet. Die Kreaturen sind und haben Sein, weil sie Abbild Gottes sind, der das Urbild ist, welches Sein verleiht. Aus dieser Anteilhaftigkeit des Menschen an Gottes Sein leitet Eckhart eine ungemein hohe Stellung des Menschen ab. Was es damit auf sich hat, wird im Kontext der Gottesgeburt noch genauer erläutert.

Und dennoch charakterisiert Eckhart quasi im gleichen Atemzug die gesamte Menschheit, ja alles Geschaffene als ein reines Nichts, das von einer Sekunde zur nächsten vergehen würde, wendete sich Gott nur den Bruchteil einer Sekunde von ihr ab. Diese Vorstellung hängt ebenfalls mit einer philosophischen Einsicht zusammen:

> »Alles Geschöpf aber ist etwas Begrenztes, Beschränktes, Unterschiedenes und Eigenes ...«[19]

Wenn nur Gott allein Sein zukommt, weil er die eine, absolute Wirklichkeit ist, dann ist alles andere Nichts. Nichts heißt hier nichts anderes, als dass es kein eigenes unabhängiges Sein hat. Alles, was geschaffen ist, hat sein Sein von Gott/vom Sein an sich.

> »Nicht also gehört Gott zu allen Dingen, sondern er ist die Ursache und der Grund aller Dinge und er

> *ist über allem und hat nicht teil an ihrer Zählung, Teilung oder Unterscheidung.«*[20]

Damit dürfte auch klar sein, dass der immer wieder gegen Eckhart erhobene Vorwurf des Pantheismus nicht zutrifft. Als Pantheismus bezeichnet man eine Lehre, die betont, dass alles in der Welt göttlich ist oder andersherum: Das Göttliche ist alles, was wir in der Welt erfahren können. Eckhart würde zwar der Aussage zustimmen, dass Gott in allem erfahrbar ist, würde aber dazu sagen, dass er sich nicht auf das Erfahrbare reduzieren lässt. Das Nichts der Kreaturen unterscheidet sich vom Nichts Gottes dadurch, dass es kein eigenes Sein aus sich hat.

Dennoch verdammt Eckhart die Welt nicht, sondern erklärt sie zum Übungsfeld für den Gottgewordenen Menschen, auf dem er seine Göttlichkeit der gesamten Kreatürlichkeit zukommen lassen kann. Die Flucht vor der Welt, wo immer diese auch hinführen soll, war Eckharts Sache nicht. Nicht die Welt ist das Problem, sondern unsere Haltung zu ihr.

Zusammengefasst lässt sich Eckharts Nichts- und Seinslehre so darstellen: Auf der einen Seite ist Gott das reine Sein, weil er der Urgrund von allem ist. Das Geschaffene, Kreatürliche partizipiert an diesem göttlichen Sein, weil es von Gott geschaffen wurde. Daher spricht Eckhart vom Sein der Dinge, der Menschen und so weiter. Aber alles, was entstanden ist, verfügt über kein eigenes Sein aus sich selbst. Aus diesem Grund sagt er, dass alles

Geschaffene ein Nichts ist, weil es eben nicht aus sich selbst ist. In diesem Sinn ist alles Geschaffene streng von Gott unterschieden. Auf der anderen Seite bezeichnet Eckhart Gott aber als Nichts, weil man über sein Wesen keine Aussagen machen kann. Keine Beschreibung trifft ihn wahrhaft. Daher ist Gott ein Nichts. Dieses göttliche Nichts ist wiederum vom Nichts der Kreatur zu unterscheiden.

Auch wenn Eckhart die radikale Abhängigkeit alles Geschaffenen von Gott ein ums andere Mal betont, so sticht gerade sein sehr positives Menschenbild ins Auge. Nicht die Angst vor dem kommenden Gericht prägt den Inhalt seiner Predigten, sondern die Zuversicht, dass jeder Mensch derselbe Sohn wie Jesus Christus werden kann, dass also jeder Mensch das vollkommene Heil erfahren kann. Wie dies aussieht, erfahren Sie im Kapitel über die Gottesgeburt im Seelenfunken. Wir hören bei Eckhart nichts von den verlorenen Sündern und den ihnen blühenden Höllenstrafen. Er scheint die gängige Sünden- und Bußlehre seiner Zeit mehr oder weniger zu ignorieren. Wo nach scholastischem Verständnis zwischen Reue und Bußstrafen zu unterscheiden war – der Mensch bereut, und Gott verzeiht ihm, aber die zeitlichen Sündenstrafen bleiben weiter bestehen, die der Mensch durch Bußwerke ableisten muss –, ist nach Eckharts Überzeugung mit der Reue alles erledigt.

Diese Sicht hängt wohl mit Eckharts radikaler Einheitslehre zusammen. Wenn Gott der Alleinseiende ist, dann ist die Sünde nichts anderes als Abwendung von Gott. Doch wohin wendet sich der Mensch, der sich von Gott abwendet? Er wendet sich zum Nichts. Dieses Nichts hat aber keine eigene Seinshaftigkeit, weil nur Gott allein beanspruchen kann, zu sein.

> *»Sünden aber und überhaupt Übel sind nicht Seiendes.«*[21]

Die Rückwendung zu Gott in der echten Reue heißt Rückwendung zum Sein/zur Wirklichkeit. Wo der Mensch sich wieder dem Wahren und Wirklichen verschreibt, ist kein Raum mehr für das negative Nichts, und somit sind nach Eckhart auch die Sündenstrafen hinfällig. Mehr als in Gott zu sein und zu leben ist nicht möglich. Aus diesem Grund kann die menschliche Sünde Gott nicht beleidigen. Sie ist Teil des Nichts, sie zielt auf das Nichts und trifft daher niemals Gott. Gott sieht sie nicht einmal, weil sie kein wahres Sein hat.

> *»Gott erkennt auch nichts außerhalb seiner, sondern sein Auge ist nur auf ihn selbst gerichtet. Was er sieht, das sieht er alles in sich. Darum sieht uns Gott nicht, wenn wir in Sünden sind.«*[22]

Mittendrin statt nur dabei: Eckharts Idee von der Abgeschiedenheit

Richtig praktisch wird Eckharts Lehre, wenn wir uns mit den Themen Abgeschiedenheit, Gelassenheit und der Gottesgeburt im Seelenfunken beschäftigen. War die Gotteslehre so etwas wie die Matrix, von der aus Eckhart operiert, so geht es nun ganz entscheidend um den Menschen und seine Lebensgestaltung. Dennoch sind beide Bereiche aufs Engste miteinander verwoben, denn was Eckhart unter Abgeschiedenheit oder Gelassenheit oder dem Ledigsein versteht, erschließt sich nur, wenn man seine Gotteslehre berücksichtigt und versteht.

Was hat es mit der Abgeschiedenheit nun auf sich? Dass Eckhart kein quietistischer, weltflüchtiger Asket war, dürfte Ihnen schon klargeworden sein. Abgeschiedenheit impliziert bei ihm daher etwas anderes, als sich die meisten seiner Zeitgenossen und Zeitgenossinnen darunter vorstellten. Es bedeutet gerade keinen Rückzug aus der Welt, sondern eine geistige Gestimmtheit:

> *»Dies kann der Mensch nicht durch Fliehen lernen, indem er vor den Dingen flüchtet und sich äußerlich in die Einsamkeit kehrt; er muss vielmehr eine innere Einsamkeit lernen, wo und bei wem er auch sei.«*[23]

Diese innere Einsamkeit ist völlig unabhängig von äußerlichen Begebenheiten. Daher kann sie Eckharts Ansicht nach auch an jedem Ort erlangt werden. Sogar im Stall oder am Herdfeuer. Mit Aussagen wie diesen schockierte Eckhart seine klösterlichen Hörer und Hörerinnen. Denn im ganzen Mittelalter galt im Christentum die kontemplative, also klösterliche Lebensweise mit ihrem Rückzug aus der Welt und ihrer zum Teil ekstatisch orientierten Gotteserfahrung als die bessere Lebensform als das tätige Leben in der Welt.

Abgeschiedenheit hat für Eckhart nichts mit einer bestimmten äußerlich erkennbaren Lebensform zu tun, sie ist eher eine Seinsweise. In seinem Traktat von der Abgeschiedenheit bezeichnet er sie als die höchste Tugend (ob Eckhart selbst Verfasser dieser Schrift war oder ob sie »nur« in seinem Umkreis entstand, soll uns hier nicht weiter belasten). Abgeschiedenheit steht seiner Ansicht nach sogar über der Liebe, der Demut und über der Barmherzigkeit. Eckharts Begründung, weshalb die Abgeschiedenheit über der Liebe steht, hat es in sich: Die Liebe zwingt nämlich nur den Menschen, Gott zu lieben, während die Abgeschiedenheit Gott selbst zwingt, den Menschen zu lieben, denn Gott liebt und erkennt in der abgeschiedenen menschlichen Seele sich selbst:

> »Wann immer der freie Geist in rechter Abgeschiedenheit steht, so zwingt er Gott zu seinem Sein.«[24]

Abgeschiedenheit umschreibt den uranfänglichen, bewegungslosen Ruhepunkt, der allem vorausgeht und in allem steckt. Eckhart verwendet in diesem Kontext ein schönes Bild: So, wie die Tür sich nur bewegen kann, weil die Türangel bewegungslos ist, so verhält es sich mit der Abgeschiedenheit und allem, was existiert. Ohne Abgeschiedenheit wäre nichts.

Doch wie kommen wir nun zu dieser Haltung? Abgeschiedenheit ereignet sich dort, wo der Mensch sich nicht mehr mit seinen Ichbezügen identifiziert. Wie dieses Freisein von Ich-Bindung aussehen kann, verdeutlichte er an einer Stelle in seinen Predigten:

> »Wäre ich von so umfassender Vernunft, dass alle Bilder, die sämtliche Menschen je (in sich) aufnahmen, und (zudem) die, die in Gott selbst sind, in meiner Vernunft stünden, doch so, dass ich frei von Ich-Bindung an sie wäre (dass ich sie ohne Eigenschaft nehmen könnte), dass ich ihrer keines im Tun noch im Lassen, mit Vor oder mit Nach, als mir zu eigen ergriffen hätte, dass ich vielmehr in diesem gegenwärtigen Nun frei und ledig stünde ..., so wäre ich Jungfrau ohne Behinderung durch alle Bilder, ebenso gewiss, wie ich's war, da ich noch nicht war.«[25]

Lassen Sie sich nicht von der Jungfrau abschrecken, denn die muss bei Eckhart am Ende eine Frau sein. Dazu gleich mehr.

Worum es Eckhart hier geht, ist, dass wir den Modus unserer alltäglichen Weltbemächtigung oder -erschließung überwinden. In diesem Modus verleiben wir uns Dinge und Begriffe ein. Wir verfügen über sie, indem wir sie zu Mitteln für unsere Zwecke machen. Alles dient einem bestimmten Zweck. Alles ist in Bezüge eingebunden. So können wir uns in der Welt orientieren und sie beherrschen. Durch diese Verzweckung werden wir aber auch unfrei, weil wir unseren Fokus nur noch auf den unmittelbaren Zweck richten, der für uns nützlich ist. Diese Zweckfokussierung schränkt unseren Radius ein.

Würden wir jedoch die Bilder und Begriffe ohne Eigenschaften nehmen, veränderte sich unsere Haltung zur Welt. Dahinter steht die Idee, dass mit allen Begriffen und Vorstellungen Konzepte verbunden sind, die den Blick auf das, wofür der Begriff steht, eingeengt wird. Gelänge es uns, diese Konzepte und Vorstellungen sein zu lassen, würden wir alles unverstellt sehen. Nichts behinderte uns mehr. Eckhart geht es darum, dass wir die einengenden Sichtweisen auf und die Herangehensweisen an die Welt aufgeben. Dann wären wir abgeschieden und offen für die Welt und Gott, oder korrekter gesprochen, für die Gottheit, die durch diese unsere Abgeschiedenheit regelrecht gezwungen würde, uns zu lieben und in uns einzuströmen.

Eckhart wäre aber nicht Eckhart, wenn er es dabei bewenden ließe. Denn so, wie die Gottheit sich selbst erkennt und liebt und aus dieser Liebe heraus tätig wird, so soll auch der abgeschiedene Mensch ein tätiger werden. In seiner Predigt »*Intravit Jesus in quoddam castellum*«, aus der die gerade genannte Stelle stammt, fährt Eckhart weiter fort:

> »*Wenn nun der Mensch immerfort Jungfrau wäre, so käme keine Frucht von ihm. Soll er fruchtbar werden, so ist es notwendig, dass er Weib sei. Weib ist der edelste Name, den man der Seele zulegen kann .*«[26]

Die Jungfrau ist für ihn das Symbol des leergewordenen Menschen, aber dieses Leersein und Nicht-Anhaften kennt noch eine weitere Stufe der Vollendung: das schöpferische Tätigsein. Erst wenn alles, was die Seele aufgenommen hat, weil sie an nichts anhaftet, wieder aus ihr ausfließt, also schöpferisch wird, ist das Ziel erreicht.

Ganz gelassen im Hier und Jetzt

Wenn Ihnen Eckharts Idee von der Abgeschiedenheit ein wenig vertrauter wurde, dann werden Sie mit einem anderen Konzept von ihm vermutlich auch keine Probleme haben. Es ist die Lehre von der Gelassenheit, die in seinem

Denken ebenfalls eine wichtige Rolle spielt. Man könnte Eckhart eigentlich den Meister der Gelassenheit nennen, auch wenn er diesen Begriff in seinem Werk eher sparsam verwendet, denn ohne ihn hätten wir diesen Begriff vielleicht gar nicht im Deutschen. Wenn der stressgeplagte Nordeuropäer an Gelassenheit denkt, dann kommt ihm oder ihr vermutlich Entspannung oder Stressfreiheit in den Sinn. Und weil wir diese so selten erleben, boomen Gelassenheits- und Anti-Stress-Trainings.

Jetzt kann man sich natürlich die Frage stellen: Waren die Menschen im 14. Jahrhundert tatsächlich auch schon so gestresst wie wir oder weshalb redete Eckhart immer wieder von und über die wahre Gelassenheit? Das Hochmittelalter kannte viele Leiden, Stress gehörte aber wahrscheinlich nicht dazu. Eckharts Gelassenheitskonzept hat daher auch wenig mit einer Stressprophylaxe zu tun. Was das eckartsche und das moderne Verständnis verbindet, ist, dass es sich bei der Gelassenheit um etwas sehr Positives und Erstrebenswertes handelt.

Gelassenheit hat mit dem Wort »lassen« zu tun. Es geht ums Loslassen. Um das Loslassen aller Dinge, die die Seele aus ihrer Ruhe bringen. Gelassenheit hat bei Eckhart zwei Stoßrichtungen. Es geht einmal um das »gelassen haben« und zum anderen um das »gelassen sein«. Wer etwas gelassen hat, ist am Ende gelassen, weil er etwas zulässt. In Eckharts Fall: die Gottesgeburt im Seelenfunken. Wie radikal Eckharts Vorstellung vom Gelassen-Sein ist, werde ich gleich zeigen.

Geistesgeschichtlich konnte er an eine ganze Reihe von Konzepten anknüpfen. Das zu seiner Zeit bekannteste war die stoische Seelenruhe. Die alten Griechen sprachen von *ataraxia* und *apatheia*, der Leidenschaftslosigkeit der Seele, die Römer von *serenitas* (Heiterkeit), *tranquilitas mentis* oder *tranquilitas animi*, also Geistes- beziehungsweise Seelenruhe, die als Ziel des Lebens galt.

Bei Eckhart hat die Gelassenheit eine dreifache Dimension. Es geht darum, sich selbst, die Welt und schlussendlich auch Gott zu lassen. Wer bei den ersten beiden Aspekten jetzt an mittelalterliche Selbstverachtung und weltflüchtige Askese denkt, wird spätestens beim dritten Punkt, »Gott lassen«, etwas irritiert sein, denn die Idee passt nun gar nicht ins fromme Bild. Weshalb möchte ein christlicher Mönch, dass die Gläubigen Gott lassen? War Eckhart vielleicht doch einer der ersten Atheisten, wie ein marxistischer Eckhart-Interpret einst mutmaßte?

Beginnen wir der Reihe nach, also zunächst dabei, sich selbst zu lassen. Eckhart redet hier keiner knechtischen Unterwürfigkeit des Menschen unter Gott das Wort. Das erkennt jeder, der seine Schriften liest. Bei ihm blitzt und blinkt an allen Ecken das sich seiner selbst bewusste Individuum auf, das seit der Renaissance nicht mehr aus der europäischen Geistesgeschichte wegzudenken ist. Und Eckhart ist beileibe nicht der einzige Denker seiner Zeit, der dem Individuum Raum gibt. Was bedeutete es dann, wenn er meint, dass sich der Mensch selbst aufgeben müsse oder sich selbst verleugnen müsse? Für uns klingt das nicht sehr erstrebenswert. Es hat so einen unterwürfigen, masochistischen Einschlag. Doch darum geht es ihm nicht.

Eckhart ist, wie gerade im Einheitskapitel gezeigt wurde, ein Denker, der alles von der Vorstellung her aufrollt, dass es nur eine Wirklichkeit geben kann. Die benennt er mit »Gottheit« oder »Eines« oder »Erkennen«, also »Vernunft/intellectus« oder »Unsagbares« oder »Unbennenbares« oder »Weder dies noch das«. Wenn es nur eine Wirklichkeit gibt, dann ist alles ein Aspekt dieser Wirklichkeit. Nur unser Ich ist so berauscht von sich selbst, dass es sich als etwas Unterschiedenes wahrnimmt und diese Einheit nicht erkennt. Bei Eckhart treffen wir in diesem Kontext auf den Begriff der »Kreatürlichkeit«. Dieser bezeichnet alles, was sich nicht bewusst ist, dass es in Wirklichkeit von Gott ununterschieden ist. Dieses Ich, das sich getrennt wähnt, muss sich nun selbst loslassen. Der Mensch

> »soll zuerst sich selbst lassen, dann hat er alles gelassen. Fürwahr ließe ein Mensch ein Königreich oder die ganze Welt, behielte aber sich selbst, so hätte er nichts gelassen. Lässt der Mensch aber von sich selbst ab, was er auch dann behält, sei's Reichtum oder Ehre oder was immer, so hat er alles gelassen«.[27]

Das Interessante an dieser Stelle ist der Bezug zum äußeren Besitz. Dieser ist nach Eckhart nämlich nichts, was die wahre Gelassenheit behindert, so der Mensch nicht von diesen Dingen gefangen ist. Wer nicht an Besitz oder Ansehen hängt, erleidet durch sie auch keinen Schaden. Und umgekehrt gilt: Wer innerlich anhaftet, der kann auf der äußeren Ebene alles gelassen haben und ist dennoch ein Gefangener. Damit wird deutlich, dass Eckhart Gelassenheit und innere Freiheit nicht an eine bestimmte Lebensform koppelt. Das erinnert wieder an seine Lehre von der Abgeschiedenheit, denn auch die hat nichts mit einer bestimmten Lebensform zu tun, wie wir gerade gesehen haben.

Natürlich waren solche Aussagen für die Menschen seiner Zeit, für die die höchste Lebensform die asketisch-klösterliche war, ziemlich irritierend. Aber ich vermute, wenn Sie in Teilzeit gehen und sich deshalb materiell einschränken würden, um endlich mehr Zeit für die Meditation und ein bewussteres Leben zu haben, und dann käme einer und erklärte Ihnen, Jeff Bezos, der Boss von Amazon, mit seiner 60-Stunden-Woche und seinen Milliarden hätte im Moment exakt die gleichen Chancen wie Sie, innere Ruhe und Entspanntheit zu erlangen, würde Sie das auch etwas irritieren.

Wie passt diese Vorstellung nun zu der zuvor getätigten Aussage, es gehe bei der Gelassenheit auch darum, die Welt zu lassen? Es ist eigentlich ganz ähnlich wie bei der Gelassenheit zu sich selbst. Es geht um das Loslassen von Anhaftungen. Dieses Nicht-Anhaften steht für eine Haltung, die nicht von Konzepten und Vorstellungen geprägt ist, wie die Dinge sein oder ablaufen sollen. Normalerweise haben wir viele Vorstellungen und Ideen über das Leben und die Welt, die unser Handeln bestimmen. Sehr oft machen wir uns aber nicht bewusst, dass es sich dabei um unsere eigenen Konzepte handelt. Wir verwechseln unsere Vorstellungen von der Welt mit der Welt. Dies führt dazu, dass wir viele Facetten und Aspekte des Lebens gar nicht mehr wahrnehmen, weil wir so auf unsere eigenen Konzepte fokussiert sind. Wir verhalten uns wie kleine Kinder, die den Lutscher im Supermarkt erblicken und so von der Vorstellung, ihn zu besitzen, gefangen sind, dass sie sonst nichts mehr wahrnehmen und aufnehmen können, obwohl es tausend andere schöne Dinge gibt. Aus diesem Grund sagt Eckhart: Wer die Welt aufgibt, dem wird die Welt zu eigen, das heißt, dieser Mensch ist nicht mehr auf eine Sache fixiert und damit offen für alles. Wer nicht an der Welt haftet, wird offen und bereit für die Welt in all ihren Facetten.

Es ist auffällig für einen Prediger des 13./14. Jahrhunderts, dass die Welt nicht als irdisches Jammertal beschrieben wird, das schnell zu überwinden ist. Zu überwinden ist nur unsere falsche Sichtweise von der Welt, die die Welt nur im Modus des Besitzens kennt. Es geht nicht um Weltflucht, sondern um das Loslassen von starren Konzepten und Vorstellungen von und über die Welt. Wem dies gelungen ist, der kann wahrhaft gelassen und unbehindert in der Welt wirken, weil er an nichts mehr anhaftet.

Wer an nichts mehr haftet, der haftet auch nicht mehr an der Vorstellung von Gott als einem Gegenüber, der kann alles lassen, eben auch sein Konzept von Gott. Von daher sagt Eckhart ganz konsequent:

>»Darum bitte ich Gott, dass er mich Gottes quitt mache.«[28]

Eckhart bittet Gott, dass er ihn von Gott freimache. Vermutlich hat es in der Geschichte der Menschheit nicht allzu viele Bittgebete dieser Art gegeben. Solange Gott als ein Gegenüber gedacht wird, ist der Mensch im Dualitätsdenken gefangen. Davon muss er frei werden. In dem Moment, in dem er diese Sichtweise aufgegeben hat, erfährt er die eine göttliche Wirklichkeit, die er selbst ist.

Damit das passieren kann, muss der Mensch aber noch etwas lassen – Sie ahnen es vielleicht. Er muss sogar das Lassen sein lassen. Denn solange wir noch etwas lassen, sind wir in der Dualität gefangen: Etwas, das gelassen wird, ist immer etwas von uns selbst Getrenntes. Was sollen wir also tun? Wir sollen einfach SEIN. Dieses einfach SEIN ist der Grund und die Voraussetzung für die Gottesgeburt im Seelenfunken.

Die Gottesgeburt im Seelenfunken

Hinter der von Eckhart bekannten »Gottesgeburt im Seelenfunken« verbirgt sich die Überzeugung, dass es im Menschen etwas durch und durch Göttliches gibt, von dem wir bedauerlicherweise nur meistens selbst nichts wissen. Eckhart verdeutlicht dies mit einem Bild. Er sagt, mit dieser ewigen Präsenz Gottes im menschlichen Seelengrund verhält es sich wie mit der Sonne, die von Wolken verborgen wird und doch am Himmel steht, auch wenn man sie im Moment nicht sehen kann. Reißt die Wolkendecke auf, kann man sie erkennen.[29] Aus diesem Grund steht bei Eckhart auch das rechte Erkennen im Vordergrund – ein Erkennen, das wohlgemerkt eine durch und durch existenzielle Komponente hat: Wir müssen erkennen, dass wir in Wahrheit nie von diesem göttlichen Urgrund getrennt oder unterschieden sind, dass dieser Urgrund immer in uns präsent ist.

In der Tradition des Mahayana-Buddhismus gibt es eine ähnliche Vorstellung. Dort wird von der Buddhanatur oder dem Buddhakeim eines jeden Menschen gesprochen. Diese Buddhanatur ist nichts, was man sich erwerben müsste, sondern etwas, das immer präsent ist. Buddhistisch gesprochen ist es die Erleuchtungsfähigkeit, über die jeder Mensch potenziell verfügt. Nur ist sich der Mensch dieser seiner Buddhanatur normalerweise nicht bewusst. Der spirituelle Weg ist einer der Bewusstwerdung dieser ureigenen, inneren Natur. Auch die Atman-Lehre der Upanishaden bietet Anknüpfungspunkte an Eckharts Lehre vom Seelenfunken.

Dieses Fünklein kann niemals erlöschen, man kann aber von seinem Glimmen und Glühen nichts wissen.

»Die Seele hat etwas in sich, ein ›Fünklein‹ der Erkenntnisfähigkeit, das nimmer erlischt ...«[30]

Dieses Erkenntnisfünklein hat nichts mit unserer alltäglichen Fähigkeit zu tun, die auf das Erkennen äußerer Dinge gerichtet ist. Ein anderer Begriff für dieses Fünklein der Erkenntnisfähigkeit ist der des Seelenbürgleins. Dieses göttliche Fünklein oder Bürglein verbindet Eckhart mit dem Intellekt des Menschen – bitte nicht vergessen: wenn Eckhart von Intellekt spricht, dann meint er eben nicht Verkopftheit, sondern die Dimension, die den Menschen mit dem Göttlichen verbindet, weil das Göttliche selbst die höchste Form der Erkenntnis ist.

»Ich habe es auch sonst schon gesagt: Erkenntnis und Vernunft vereinigen die Seele mit Gott. Vernunft dringt in das lautere Sein, Erkenntnis läuft voran, sie läuft vorauf und bricht durch, auf dass da Gottes eingeborener Sohn geboren wird.«[31]

Die Gottesgeburt ist ein Prozess, die sich im Intellekt beziehungsweise Seelenfünklein vollzieht.

Wie gesagt, die Idee, dass die Vernunft im Menschen ein Bindeglied zu Gott ist, hatten bereits andere Denker vor Eckhart. Der Erste in der langen Reihe war Platon mit seiner Tradition, und Aristoteles nehme ich hier einmal mit in die platonische Tradition hinein. Die großen arabischsprachigen Philosophen Averroes und Avicenna entwickelten diese Ideen weiter. Und damit beschäftigten sich wiederum Denker wie Albertus Magnus, Thomas von Aquin oder Dietrich von Freiberg, um nur einige zu nennen. Eckhart kannte alle.

Dass es etwas ungeschaffenes Göttliches im Menschen gibt, das unzerstörbar ist, war jedoch eine Idee, die zu Eckharts Zeit in der römischen Kirche nicht mehr wirklich »in« war, so sie es dort je war. Es verwundert dann auch nicht, dass Eckharts Einheitslehre von der Inquisition beanstandet wurde. Was Eckhart mit seiner Lehre von der Gottesgeburt im Seelenfunken allerdings auch nie behauptet hatte, war, dass der Mensch in seiner gesamten kreatürlichen Verfasstheit göttlich ist. Alles, was veränderlich ist, ist nicht das Göttliche.

In seiner kreatürlichen Verfasstheit ist der Mensch ein reines Nichts. Nichts bedeutet bei Eckhart, wie bereits bemerkt, dass der Mensch kein Sein aus sich selbst hat. Er ist bedingt. Diese Aussage ist vor dem Hintergrund seiner radikalen Einheitslehre auch völlig konsequent. Es gibt nur das eine göttliche Sein. Entweder ist etwas göttlich oder es ist nichts. Dieses »nichts« oder »Nichts« ist aber kein echter Gegensatz zum Sein, ansonsten hätten wir eine Dualität. Dieses »Nichts« erscheint nur als etwas anderes, solange die Wirklichkeit der ununterschiedenen Einheit, also die Gottesgeburt im Seelenfunken, nicht erfahren und erlebt wird.

Weil alles Geschaffene sein Sein von Gott hat, impliziert dies, dass alles Geschaffene das göttliche Sein ist. Und hier beginnt es spannend zu werden. Für Eckhart ergibt sich aus dieser Herkunft des Geschöpfs aus dem Schöpfer eine ganz bestimmte Beziehung zwischen beiden. Wo sich nämlich das Geschöpf dieses göttlichen Ursprungs existenziell bewusst wird, schwindet der Unterschied zwischen Schöpfer und Geschöpf. Es ist die abgeschiedene Seele, die Gott in sich zwingt. Gott kann nicht anders, als den abgeschiedenen und gelassenen Seelengrund der von aller Kreatürlichkeit befreiten Seele auszufüllen. Denn dort, wo alles Nichtige entfernt wurde, ist das wahre Sein zu Hause.

Es existiert nun kein Unterschied mehr zwischen der weisenlosen Gottheit und dem leeren Seelengrund. Diesen Vorgang bezeichnet er als »Gottesgeburt im Seelengrund«. Interessant ist, was Eckhart mit der Gottesgeburt verbindet: Indem die Seele eins wird mit Gott, ist sie bei sich selbst, denn es gibt ja nur die eine, ungeteilte Wirklichkeit. Gotteserkenntnis ist somit Selbsterkenntnis.

Diese Gottesgeburt ist jedoch kein Privileg einiger weniger Auserwählter, sondern geradezu die Pflicht eines jeden Menschen, da nur so wahres Menschsein verwirklicht werden kann.

> »Unser Herr spricht zu einer jeden liebenden Seele
> ›ich bin für euch Mensch gewesen, seid ihr mir nicht
> gottgleich, so tut ihr mir unrecht‹.«[32]

Wer also nicht göttlich werden will, tut Gott ein Unrecht. Wenn man bedenkt, dass die traditionelle Theologie immer größtes Gewicht darauf legte, dass der Unterschied zwischen Gott und Mensch gewahrt bleibt, kann vielleicht verstehen, was Aussagen wie diese in der Hörerschaft Eckharts auslösten.

Dass der eine dann diese Gottesgeburt tatsächlich erfährt und erlebt und der andere nicht, liegt nicht an Gott, sondern am Menschen selbst. Der Mensch muss bereit dafür sein. Die menschliche Seele muss völlig entblößt und nackt sein, wenn Gott in sie eindringen soll. Die Gottesgeburt vollzieht sich nur in einer entleerten Seele. Hier rezipiert Eckhart ganz unverhohlen den von seinem großen Ordensbruder verdammten arabischen Denker Averroes, der in Anlehnung an Aristoteles immer wieder darauf verwies, dass der Intellekt, so er etwas aufnehmen wolle, völlig leer sein müsse. Und dieser aufnehmende Intellekt ist selbst ungeschaffen und ewig.

Die Seele, genauer das Seelenfünklein, muss also rein, bloß, ledig, abgeschieden, gelassen und so weiter sein, das heißt, sie darf nicht am Vielheitlichen haften und sich damit identifizieren. Wo sie dies tut, wird sie ganz zum äußeren Menschen, der fern von Gott steht. Eckhart wäre aber nicht Eckhart, würde er nur von der

Abgeschiedenheit der menschlichen Seele sprechen. Denn Gott selbst muss nackt und ledig seiner selbst werden. Gott muss sogar alle seine trinitarischen Personen ablegen. Nur die weiselose Gottheit hat Zugang zum innersten Seelenfunken.

Die Gottesgeburt hängt also mit der Abgeschiedenheit und Gelassenheit zusammen. Es ist daher nicht sehr überraschend, dass Eckharts Hinweise, wie wir uns auf die Gottesgeburt vorbereiten können, denen zum Abgeschiedensein und Gelassensein sehr ähneln:

> »Wer Sohn Gottes werden will, wer will, dass das Fleisch gewordene Wort in ihm wohne, muss den Nächsten lieben wie sich selbst, das heißt, so sehr wie sich selbst, und muss das Persönliche und Eigene verleugnen.«[33]

Das Persönliche und Eigene, das sind die Egostrukturen, mit denen wir uns identifizieren. Unter diesen Egostrukturen können wir alles subsummieren, was dazu führt, dass wir zu uns selbst »Ich« sagen können, also unsere Prägungen, unsere Biologie, Sozialisation, unsere Erfahrungen, Gefühle, Gedanken, unser Charakter. Alles, was uns zu uns selbst macht. Wenn Eckhart hier von verleugnen spricht, dann heißt es, sich bewusst zu machen, dass wir dies zwar sind, dass wir aber immer auch mehr sind als nur diese Prägungen, die uns zu unverwechselbaren Individuen machen. Die Identifikation damit verhindert die Erkenntnis, dass unser wahres Wesen das Göttliche selbst ist. Dieses göttliche Selbst ist transpersonal, das heißt, es übersteigt die engen Grenzen von »Mein« und »Dein«. Der Mensch, der die Gottesgeburt vollzieht, weiß also, dass er Gefühle, Gedanken, Emotionen und so weiter hat, dass er durch seine Sozialisation und Biologie geprägt ist, aber er weiß auch, dass sein Menschsein eine weitere Dimension umfasst, die sich nicht darin erschöpft. In der buddhistischen Tradition hat man dieser Idee in der Vipassana-Meditation Rechnung zu tragen versucht. Dabei beobachtet der Meditierende seine Gedanken, Emotionen und seinen Körper, macht sich aber gleichzeitig bewusst, dass dies zwar alles ein Teil von ihm ist, dass er aber, da er alles beobachten kann, immer auch mehr ist als nur seine Gedanken, Emotionen und sein Körper. Eckhart fordert hier also nicht, dass der Mensch seine Personalität zugunsten eines indifferenten Kollektivs aufgibt, dass er zum kleinen Rädchen im Getriebe wird, sondern dass er diese limitierenden Egostrukturen transzendiert, um sein wahres Selbst zu erfahren, das größer ist als sein Ego.

Gottesgeburt im Hier und Jetzt

Sollten Sie sich beim Lesen gerade gefragt haben, ob Sie das Thema der Gottesgeburt nicht in einem anderen Kontext abgespeichert haben, nämlich dem Weihnachtlichen, dann haben Sie natürlich recht. Wenn in der christlichen Tradition von Gottesgeburt die Rede ist, dann ist damit zunächst die Geburt Gottes als Mensch in der Person von Jesus gemeint. Ein Ereignis, das sich entsprechend der christlichen Glaubensüberzeugung einmalig vor über 2000 Jahren in Betlehem in Palästina ereignete.

Eckhart betrachtete die Gottesgeburt jedoch nicht als einmaliges Ereignis, sondern als immerwährenden Prozess, der sich seit Anbeginn der Tage unendlich wiederholt. Es gibt keinen Augenblick, in dem sie sich nicht vollziehen würde.

> *»Gott wirkt allzeit in einem Nun in der Ewigkeit, und sein Wirken besteht darin, seinen Sohn zu gebären; den gebiert er allzeit.«*[34]

Ferner erweiterte er den Personenkreis von Jesus Christus auf jeden Menschen. In dem Moment, in dem Gott im Erkennen seinen Sohn gebiert, gebiert er sich selbst im Seelengrund, weshalb wir derselbe Sohn wie Jesus Christus sind. Und weil sich die Gottesgeburt in jedem

Menschen vollziehen kann, hat jeder Mensch, in dem sie passiert, dasselbe Sein wie Christus:

> *»Solltest du der Sohn Gottes sein, so kannst du's nicht sein, du habest denn dasselbe Sein Gottes, das der Sohn Gottes hat.«*[35]

Sie erinnern sich vielleicht noch an das »Gotteskarusell«, den Prozess, in dem die weiselose Gottheit sich ihrer selbst bewusst wird und sich in der Person des Vaters selbst sieht. Das, als was sie sich sieht, ist der Sohn. So wie Gott sich in der Person Christi als er selbst erkennt, so erkennt sich die Gottheit im Prozess der Gottesgeburt im menschlichen Seelenfünklein als sie selbst. Und genau wie Christus das göttliche Sein ist, so ist es der Mensch, in dem sich die Gottesgeburt vollzogen hat. Das klingt für die an christliche Dogmatik gewöhnten Ohren unglaublich, nicht aber für die des nondualen Denkers. Der Seelengrund, der unser wahres Wesen ist, ist die Gottheit selbst. Was soll er denn sonst sein, wenn nur eines existiert, das ungeteilt und ununterschieden ist?

Der einzige Unterschied zwischen Christus und uns besteht nach Eckhart darin, dass wir normalerweise von dieser Geburt in unserer Seele nichts mitbekommen, obwohl sie kontinuierlich stattfindet:

»*Gott gebiert seinen eingeborenen Sohn in dir, es sei dir lieb oder leid, ob du schläfst oder wachst; er tut das Seine.*«[36]

Nur weil sich die Seele, bedingt durch ihr Verhaftetsein mit dem Kreatürlichen, nicht an die Einheit mit Gott erinnern kann, erscheint ihr die Geburt Gottes, sobald sie sich ihrer bewusst wird, als ein alles bisher Gewesenes umwerfendes Ereignis. Die Gottesgeburt führt den Menschen aber nicht in überweltliche Regionen, sondern nur in sich zurück. Doch dies scheint die weiteste und schwierigste Reise für den Menschen zu sein. Wer sich auf die Gottesgeburt in seiner Seele einlässt, fällt somit nicht aus unserer Welt heraus, sondern er erkennt die Welt ihrem wahren Wesen nach. Er erwacht im geistigen Sinn zur eigentlichen Wirklichkeit.

Dieser Prozess ist ein zeit- und raumloser Vollzug, denn Zeit und Raum sind relativ und bedingt.

»*Diese Geburt geschieht nicht einmal im Jahr noch einmal im Monat noch einmal im Tage, sondern allzeit, das heißt, oberhalb der Zeit in der Weite, wo weder Hier noch Nun ist, weder Natur noch Gedanke.*«[37]

Diese Zeitlosigkeit wird auch als Ewigkeit bezeichnet. Damit verdeutlicht Eckhart gleich, was er unter Ewigkeit versteht: nicht eine endlos ausgedehnte Zeit, die an die weltliche Zeit anschließt, sondern die Überwindung der Raum-Zeit-Vorstellung. Ewigkeit ist »nunc stans«: JETZT. Wenn Eckhart Tolle eines seiner bekanntesten Bücher mit dem Titel »Jetzt« versieht, dann greift er genau diesen Gedanken Eckharts auf. Wir können auch von einer reinen Präsenz sprechen.

Damit ist eigentlich geklärt, wie Eckhart zur christlichen Lehre steht, die die endgültige Seligkeit des Menschen erst im Jenseits für möglich hält.

> *Ich habe gesagt, dass ein Mensch Gott in diesem Leben genauso vollkommen schaut und selig ist in absolut vollkommener Weise, wie nach diesem Leben.*«[38]

Zu eindeutig ist die Lehre des Pariser Magisters von der Zeitlosigkeit der Gottesgeburt. Mehr als die absolute Einheit von Gott und Mensch kann es auch im Jenseits nicht geben. Wie in allen mystischen Traditionen ist nicht der physische Tod des Menschen von Bedeutung, sondern einzig und allein der Tod der Ich-Vorstellung. Das bedeutet hier nichts anderes, als sich nicht mit den Faktoren, die unser Ich ausmachen – Gedanken, Emotionen, Körper, Prägungen, Sozialisationen –, so zu identifizieren, dass der Mensch glaubt, er wäre wesenhaft dieses Konglomerat von unterschiedlichen Faktoren. Wir müssen nicht erst körperlich sterben, um als Sohn Gottes neu geboren zu werden. Genau genommen hat der physische Tod auf dieses Ereignis überhaupt keinen Einfluss. Das ewige Leben findet nicht in einem irgendwo angesiedelten Jenseits statt, sondern eben im Hier und Jetzt.

An dieser Stelle möchte ich noch auf ein paar Konsequenzen dieser Lehre eingehen. Wenn sich nämlich Gott in jeder Seele gebiert und es keinen wirklichen Unterschied zwischen der menschlichen Seele und dem Sohn Gottes gibt, dann stellt sich natürlich auch die Frage, welche Bedeutung die historische Geburt Gottes in Jesus von Nazaret hat. Gemäß der traditionellen Theologie wurde Gott Mensch, um alles zu heilen, was den Menschen von ihm trennt. Gott sühnt die Sünden der Menschen, um die Menschheit von ihrer Schuld zu erlösen. Wenn wir Eckharts Schriften durchblättern, dann fällt auf, dass die ==Sühnetheologie mit der Erbsündenlehre bei ihm eigentlich keine Rolle spielt==. Man könnte fast sagen, er ignoriert sie. Auch die Leidensgeschichte Christi thematisiert er kaum. Erlösung spielt in seinem Denken keine wichtige Rolle. Für einen mittelalterlichen Theologen ist das schon sehr ungewöhnlich.

Auf die Frage, weshalb Gott Mensch geworden sei, antwortete Eckhart: damit wir Gott werden. Was für unsere Ohren revolutionär oder verstörend klingen mag, knüpft jedoch an eine sehr alte Tradition innerhalb des Christentums an, die wir bis in die Zeit der Kirchenväter im 2./3. Jahrhundert zurückverfolgen können. In der frühen Vätertradition waren viele christliche Theologen wie Irenäus, Origenes oder Athanasius davon überzeugt, dass Gott Mensch geworden sei, damit der Mensch selbst Sohn Gottes werde. Von Athanasius dem Großen, einem der wichtigsten Kirchenväter der frühen Kirche, ist der Satz überliefert, dass das Wort Gottes Mensch wurde, damit wir vergöttlicht werden.

Origenes und alle, die diese Lehre vertraten, knüpften an die biblische Tradition an, wie sie zum Beispiel im Galaterbrief 2,20 deutlich wird, in dem Paulus erklärt:

»Ich lebe, doch nun nicht ich, sondern Christus lebt in mir.«

Die Vorstellung, dass Christus in jedem einzelnen Gläubigen lebt, ist ein Grundgedanke der paulinischen Theologie. Paulus selbst griff in seiner Lehre wiederum die urjesuanische Aussage von der Gotteskindschaft aller Menschen auf. Ein jeder Mensch ist Kind Gottes. Diese äußerst befreiende und heilvolle Lehre wurde im Lauf der folgenden Jahrhunderte leider durch die Erbsündenlehre überlagert. Eckhart knüpft mit seiner Idee von der Gottesgeburt an die voraugustinische Tradition an:

»Denn wenig bedeutete es mir, dass das Wort für die Menschen Fleisch wurde in Christus, jener von mir verschiedenen Person, wenn es nicht auch in mir persönlich (Fleisch annähme), damit auch ich Gottes Sohn wäre.«[39]

Die Person Jesu ist für ihn dann auch eher ein Vorbild und ein Lehrmeister, der uns Menschen den Weg zurück in den göttlichen Urgrund zeigt, als ein Erlöser, der ohne unser Zutun etwas mit uns machen würde. Sein Verständnis der Himmelfahrt Christi veranschaulicht dies sehr deutlich:

»*Dessen mögen wir uns wohl freuen, dass Christus, unser Bruder, aus eigener Kraft aufgefahren ist über alle Chöre der Engel und sitzt zur rechten Hand des Vaters. Dieser Meister hat recht gesprochen; aber wahrlich, ich gäbe nicht viel darum. Was hülfe es mir, wenn ich einen Bruder hätte, der da ein reicher Mann wäre und ich wäre dabei ein armer Mann? Was hülfe es mir, hätte ich einen Bruder, der da ein weiser Mann wäre und ich wäre dabei ein Tor?*«[40]

Solange wir nicht dieser selbe Christus sind und werden, so lange hat die Auferstehung Christi für uns eigentlich keine Relevanz. Die transformierende Wirkung dieses Ereignisses kann nur der erfahren, der sich selbst transformiert. Die Gottesgeburt im eigenen Seelenfünklein ist deshalb das entscheidende Ereignis, das jeder Mensch erfahren soll. Jesus zeigt den Menschen, wie dies möglich ist. Aus diesem Grund ist für Eckhart Gott in Jesus Mensch geworden.

Ein gendertechnischer Exkurs: Wieso immer nur Söhne?

An dieser Stelle möchte ich noch einen kleinen gendertechnischen Exkurs für alle einfügen, die sich am Begriff »Sohn« im Kontext der Gottesgeburt stören beziehungsweise die sich die Frage stellen: Was für ein Frauenbild vertrat eigentlich Eckhart? Dass sich die Gottesgeburt vollzieht, wenn wir derselbe Sohn werden, ist der Tatsache geschuldet, dass das Referenzsystem Christus ist. Der Mensch soll derselbe Sohn wie Christus werden. Wie steht es aber allgemein mit der Betrachtung des Weiblichen?

Wir müssen bei Eckhart zwei Arten der Verwendung der Begriffe »Mann« und »Frau« unterscheiden. Auf der einen Seite bezeichnet er damit den Menschen in seiner geschlechtlichen Unterschiedenheit. Hier betont Eckhart, dass Männer und Frauen gleichberechtigt sind – für seine Zeit eine eher ungewöhnliche Vorstellung. So heißt es bei ihm in Bezugnahme auf den biblischen Schöpfungsbericht, den viele Theologen gerade als Beleg der Unterordnung der Frau unter den Mann verstanden:

»Als Gott den Menschen schuf, da schuf er die Frau aus des Mannes Seite, auf dass sie ihm gleich wäre. Er schuf sie weder aus dem Haupte noch aus den Füßen, auf dass sie weder unter noch über ihm wäre.«[41]

Ob Eckhart diese Vorstellung schon in die Wiege gelegt war oder ob er sie während seiner Arbeit mit Frauen erwarb, wissen wir nicht, aber dass er der Frau als biologischem Wesen mit Respekt begegnet, wird in seinen Schriften immer wieder deutlich.

Die andere Verwendung des Begriffes »Mann« oder »Frau« hat mit bestimmten erkenntnistheoretischen Fragen zu tun. Da bedient er sich der Sprache und Konzepte seiner Zeit, ohne aber alle damit verbundenen Vorstellungen zu übernehmen. »Mann« und »Frau« sind unterschiedliche Erkenntnisformen. Seit Aristoteles glaubte man, die Frau habe an der biologischen Zeugung keinen Anteil. Diese Vorstellung prägte den erkenntnistheoretischen Kontext. Das Aktive und Gestaltende wurde mit dem Männlichen in Verbindung gebracht und das Passivische und Empfangende mit dem Weiblichen. Mit diesen Metaphern arbeitet auch Eckhart, aber für ihn waren sie nicht mit dem biologischen Geschlecht verbunden. Frauen als biologische Wesen sind nicht wesenhaft passivisch, genauso wie Männer als biologische Wesen nicht nur aktiv sind.

Darüber hinaus begegnet uns bei ihm eine sehr »feministische« Neuerung dieser ganzen Zuordnung, denn Eckhart differenziert passiv und aktiv nicht nur mittels der Begriffe »weiblich« und »männlich«, sondern an einer Stelle bezieht er diese auf »Jungfrau« und »Frau«: Im Gegensatz zur Jungfrau, die nur aufnehmend ist, gebiert die Frau und bringt eine Frucht hervor, wie Eckhart sagt.

Nur wenn die Jungfrau zur Frau wird, ist sie vollkommen, da sie mit Gott selbst, der unentwegt ein Gebärender ist, Frucht hervorbringt. Natürlich geht es Eckhart nicht um die Geburt von Kindern, das betont er ausdrücklich. Es geht ihm um die Gottesgeburt im ewigen Jetzt. Aus diesem Grund ist

> »‹Weib› der edelste Name, den man der Seele zulegen kann, und ist viel edler als ›Jungfrau‹. Dass der Mensch Gott in sich empfängt, das ist gut, und in dieser Empfänglichkeit ist er Jungfrau. Dass aber Gott fruchtbar in ihm werde, das ist besser; denn Fruchtbarwerden der Gabe, das allein ist Dankbarkeit für die Gabe, und da ist der Geist Weib in wiedergebärender Dankbarkeit, wo er Jesum wiedergebiert in Gottes väterliches Herz«.[42]

Darüber hinaus sind »männlich« und »weiblich« für ihn Metaphern, die für die sinnliche und nonduale Erkenntnis stehen. Weil die sinnliche Erkenntnis Gott nicht erfassen kann, steht sie unter der nondualen, die das vermag. Wo Eckhart diese Bilder bemüht, greift er in der Regel eine biblische Stelle auf. So verbindet er in einer seiner Predigten über die Erkenntnisweisen diese mit dem Korintherbrief, wo es heißt, dass die Männer den Kopf nicht bedecken sollen im Gegensatz zu den Frauen (1 Kor 11,7). Bei Eckhart klingt das dann so:

»Die ›Frauen‹, das sind die niederen Kräfte, die sollen bedeckt sein. Der Mann aber, das ist jene Kraft, die soll entblößt und unbedeckt sein.«[43]

Er überträgt die sehr konkrete soziokulturelle Bedeutung der Aussage in eine erkenntnistheoretische. Ihm geht es nicht um konkrete Männer und Frauen, sondern um verschiedene Umgangsweisen des Menschen mit dem Göttlichen. Beide, die männliche und die weibliche, sind in den konkreten Männern und Frauen anzutreffen. So wie viele Männer nur der »weiblichen« Erkenntnis folgen und deshalb Gott nie erfahren, gibt es Frauen, die zur »männlichen« Erkenntnis fähig sind und Gott im Seelengrund erleben. Gottesbegegnung ist für Eckhart keine Frage des biologischen Geschlechtes, sondern eine der inneren Haltung und Erkenntnis.

Sich darüber zu mokieren, dass Eckhart damit trotzdem das Weibliche abwertet, weil er es mit einer bestimmten Erkenntnisweise verbindet, führt meines Erachtens zu nichts, denn Eckhart benutzte hier Bilder, die zu seiner Zeit Standard waren und die er bereits neu füllte. Einem mittelalterlichen Denker fehlendes Genderbewusstsein zu unterstellen ist so, wie einem antiken Naturphilosophen vorzuwerfen, seine Beschreibung der Welt sei ungenau, da er von Quarks und Neutronen nichts weiß. Dinge, die zu einer bestimmten Zeit noch nicht bekannt waren, können auch nicht thematisiert werden.

Der innere und äußere Mensch – wieso es uns zweifach gibt

Ich möchte abschließend noch einmal zur Lehre von der Gottesgeburt zurückkehren, denn Eckhart ließ nichts unversucht, um seinen Hörern und Hörerinnen zu erklären, was diese mit dem Menschen macht. Das war umso wichtiger, als zu seiner Zeit etliche Bewegungen existierten, die, wenn es um den gottgeeinten Menschen ging, recht krude Vorstellungen hatten. Manche glaubten, dieser Mensch wäre von allen Regeln des Zusammenlebens befreit, wieder andere glaubten, der mit Gott geeinte Mensch hätte mit der Welt nichts mehr zu tun. Für Eckhart manifestierte sich in diesen Vorstellungen vor allem eines: eine eklatante Unkenntnis dessen, was die Gottesgeburt im Menschen lebenspraktisch bedeutet.

Um seinen Hörern und Hörerinnen zu verdeutlichen, welche Auswirkungen die Erfahrung der Gottesgeburt im Alltag hat, sprach er vom inneren und vom äußeren Menschen. Dabei handelt es sich nicht um zwei verschiedene Menschentypen, wie sie in der Unterscheidung von *vita activa* und *vita contemplativa* vorkommen. Die *vita activa* und *vita contemplativa* sind in der christlichen Tradition eine wichtige Unterscheidung von Lebensformen. Während die *vita contemplativa* für das geistig-spirituelle Leben stand, das immer als das höherwertige gesehen wurde, war die *vita activa* die Lebensform, die sich durch Aktivität in der Welt auszeichnete. Die monastische Tradition war Ausdruck der *vita contemplativa*, während das weltliche Leben der Laien als *vita activa* bezeichnet wurde. Eckhart geht es hier aber vielmehr um zwei Daseinsformen im Menschen:

> *»Hier sollst du wissen, dass die Meister sagen, dass in einem jeglichen Menschen zweierlei Menschen vorhanden sind: der eine heißt der äußere Mensch, das ist die Sinnlichkeit; diesem Menschen dienen die fünf Sinne, und doch wirkt der äußere Mensch kraft der Seele. Der andere Mensch heißt der innere Mensch, das ist des Menschen Innerlichkeit.«*[44]

Jeder Mensch hat beide Anlagen in sich, doch kommt in der Regel nur die des äußeren Menschen zum Tragen. Wo jedoch der innere Mensch zur Bewusstheit gebracht wurde, bestimmt er die Richtung des Daseins, was aber gerade nicht heißt, dass der Mensch nun der Welt entflieht, sondern er lässt sich von ihr nicht mehr gefangen nehmen.

> *»Nun sollst du wissen, dass der äußere Mensch sich in Betätigung finden kann und doch der innere Mensch davon gänzlich frei und unbewegt bleibt.«*[45]

Nicht die äußere Tätigkeit ist das Kriterium, ob jemand ein innerlicher oder äußerlicher Mensch ist, sondern seine geistige Ausgerichtetheit.

Das Zentrum des inneren Menschen ist in allem, was er tut, in Gott. Nichts kann ihn mehr aus dieser inneren Mitte entfernen. Während der äußere Mensch in der Welt und in der Zeit steht, steht der innere Mensch in der Ewigkeit, im reinen JETZT. Dies mag zunächst paradox klingen – wie kann ein Mensch gleichzeitig in der Zeit und in der Zeitlosigkeit stehen? Als körperliches Wesen hat er Anteil an Raum und Zeit. In diesen Dimensionen bewegt er sich, solange er einen Köper hat. Als geistiges Wesen besitzt er die Möglichkeit, Raum und Zeit zu übersteigen.

Wir dürfen uns dieses »jenseits von Raum und Zeit« nicht als eine Art Meta-Raum und Zeit vorstellen. Reine Geistigkeit kennt keine Kategorien von Raum und Zeit, da diese immer bedingt sind. Am ehesten entspricht diesem »jenseits der Zeit« die Vorstellung der reinen Gegenwart, die keinen Anfang und kein Ende hat und damit weder Vergangenheit noch Zukunft kennt. In dieser reinen Gegenwärtigkeit existiert der innere Mensch. Da er nicht wesenhaft an den Körper gebunden ist, spielt die Vorstellung des Todes auch keine Rolle mehr, obwohl er ihn natürlich körperlich erleben wird. Ähnlich verhält es sich mit Schmerz und Leid.

Der Mensch, in dem sich die Gottesgeburt vollzogen hat, wird weiterhin mit allen Gebrechen und Erfahrungen des Lebens in der Welt konfrontiert. In Eckharts Sprache heißt das: Der äußere Mensch leidet, egal, wie erhaben und heilig er ist.

> »*Daher sage ich: Einen Heiligen, dem Pein nicht wehtäte und Liebes nicht wohl, den hat es noch nie gegeben, und niemals wird es einer dahin bringen.*«[46]

Sogar Jesus wurde von Todesangst gemartert. Und dennoch gibt es nach Eckhart in dieser Erfahrung von Schmerz und Leid etwas, das tiefer ist, das dadurch nicht berührt wird. Dieser unberührbare Teil findet sich im »obersten Wipfel« des Geistes:

> »*Was immer dann (in einen solchen Menschen) einfällt, das behindert nicht die ewige Seligkeit, dieweil es nicht den obersten Wipfel des Geistes befällt dort oben, wo er mit Gottes allerliebstem Willen vereint steht.*«[47]

Dieser »oberste Wipfel des Geistes« ist der *intellectus*, dieser stets mit Gott verbundene Aspekt im Menschen. Eckhart bezeichnete ihn auch das Seelenfünklein. Zu ihm hat der innere Mensch stets einen unmittelbaren Zugang. Vielleicht könnte man es so formulieren: Der Mensch erlebt sich immer im göttlichen Urgrund verwurzelt, auch wenn er Schmerz und Leid körperlich erfährt.

Wie man sich das Leben eines solchen Menschen, bei dem der innere Mensch voll aktiviert ist, vorstellen kann, erläutert Eckhart in seiner berühmten Maria-und-Martha-Predigt, in der er den biblischen Text ein wenig gegen den Strich bürstet. Für alle, die gerade nicht präsent haben, worum es in der biblischen Geschichte geht, hier eine Kurzversion der Erzählung aus dem Lukasevangelium (Lk 10,38–42): Jesus kehrt bei einer seiner Wanderungen bei den beiden Schwestern Maria und Martha aus Bethanien ein. Sie waren die Schwestern des Lazarus, den Jesus nach Aussage des Evangelisten Johannes von den Toten erweckte. Während sich Maria zu Jesu Füßen niederlässt und ihm zuhört, rotierte ihre Schwester Martha angesichts der zu versorgenden Gästemenge in der Küche (Jesus kam sicherlich nicht alleine), bis sie sich irgendwann bei Jesus beschwert, dass ihre Schwester sie nicht unterstützt, wofür sie jedoch von Jesus getadelt wird.

Wer weiß, welche Bedeutung in der Antike die Gastfreundschaft hatte, kann Marthas Reaktion verstehen. Man bewirtete Gäste nicht einfach mit etwas Wasser und trocken Brot. Da die Bewirtung der Gäste Frauensache war, ist es verständlich, dass Martha die helfenden Hände ihrer Schwester in der Küche vermisste. Wenn Jesus in der lukanischen Erzählung dann aber Martha tadelt und Maria lobt, dass sie den besseren Teil gewählt hat, war das für die jüdischen Hörer »starker Tobak«, da Jesus das wichtige Gebot der Gastfreundschaft angesichts seiner Verkündigung für geringer erachtete. Das ganze Mittelalter hindurch war diese Bibelstelle die Begründung für die Höherwertigkeit des kontemplativ-monastischen Lebens gegenüber dem aktiven Leben der »Weltmenschen«.

Da Eckhart seinen Hörern und Hörerinnen aber erläutern wollte, wie ein wahrhaft gottgeeinter Mensch in der

Welt lebt und agiert, nahm er diese Erzählung und stellte sie kurzerhand auf den Kopf. In seiner Version tadelt Jesus nämlich nicht Martha, sondern beide sind Verbündete im Versuch, die spirituell noch nicht gereifte Maria zu einem wahrhaft gereiften Menschen zu machen. Ein wahrhaft gereifter Mensch ist für Eckhart nämlich Martha.

Für all diejenigen, die die eckhartsche Predigt lesen, sei an dieser Stelle noch einmal darauf hingewiesen: Eckhart wollte nicht den biblischen Text auslegen oder interpretieren. Er nahm ihn ganz bewusst, um etwas zu verdeutlichen, nämlich seine Sicht eines spirituellen Menschen. So wie Jesu Erzählung für sein Publikum höchst irritierend war, war es Eckharts Version für sein Publikum, also für monastisch lebende Menschen, die überzeugt waren, mit ihrer Lebensform den besseren Teil gewählt zu haben – ähnlich wie Maria in der jesuanischen Geschichte. Eckhart wollte seine Hörer und Hörerinnen aufrütteln und ihnen klarmachen, dass diese kontemplative Lebensform noch längst nicht die vollkommene spirituelle Lebensweise ist. Wer das glaubt, steckt auf halber Strecke fest, so seine Überzeugung.

Eckhart lobte hier aber auch nicht das weltliche vor dem kontemplativen Leben, wie man vielleicht auf den ersten Blick meinen könnte, sondern er sah in Martha die Protagonistin einer völlig neuen Lebensform. Ihr war es gemäß Eckharts Auslegung gelungen, mitten in der Welt zu stehen, in ihr zu leben und zu arbeiten und gleichzeitig innerlich im Seinsgrund Gottes unerschütterlich zu ruhen. Eckhart wusste natürlich, dass das völlig gegen den biblischen Text gerichtet war, aber das störte ihn nicht. In ihrem äußeren Menschen war der innere voll präsent. Zu diesem eckhartschen Lobpreis der Person Marthas passt auch, dass er immer wieder betont, man könne Gott an allen Plätzen finden, im Stall und am Herdfeuer, also in der Lebenswelt der aktiven Menschen genau wie in der Kirche. Interessant ist diese Auslegung insbesondere, wenn man bedenkt, dass Eckhart selbst Mitglied eines Ordens war, genau wie viele seiner Hörer und Hörerinnen.

Nicht der Ort, also die äußere Lebensform entscheidet nach Eckhart, sondern die innere Ausgerichtetheit. Und gerade hier sieht er bei Maria noch ein wenig Lern- oder Vertiefungsbedarf. Der kontemplativen Maria unterstellt er nämlich mit einem leichten Augenzwinkern, dass sie zu Füßen Jesu

> *»irgendwie mehr um des wohligen Gefühls als um des geistigen Gewinns willen dagesessen habe«.*[48]

Dies war ein kleiner Wink mit dem Scheunentor für sein eigenes Publikum: Spiritualität hat nichts mit »wohligen Gefühlen« zu tun. Dazu kommt noch, dass Maria sich gnadenlos überschätzt. Sie glaubt, sie wäre bereits in der Lage zu tun, was sie wolle. Doch das ist eine Illusion. Nur in der kontemplativen Abgeschiedenheit, zu Füßen Jesu – unbelästigt von der Welt – kann Maria ihre kontemplative Haltung bewahren. Doch das reicht nicht. Die Kontemplation muss mitten im Leben wirken. Aus diesem Grund muss Maria zu einer Martha werden, so wie die Jungfrau zur Frau werden muss, denn erst die Frau wirkt und ist fruchtbar, wie er es in seiner Predigt »*Intravit Jesus in quoddam castellum*« ausführte. Martha ist demnach ein Mensch, der kein wohliges Gefühl mehr braucht und dennoch in Gott gegründet ist. Aus dieser Gottgegründetheit wirkt sie mitten in der Welt, ohne von den Dingen der Welt behindert zu werden.

Um noch einmal das Bild aus dem zen-buddhistischen Ochsenzyklus aufzugreifen: Martha steht mitten im Leben, bei den Dingen, ohne von ihnen in Beschlag genommen zu werden, wie unser Selbstsucher am Ende seiner Suche lachend mitten auf dem Marktplatz sitzt im vollen Bewusstsein der Erleuchtung – von nichts getrennt, mit allem vereint.

Angesichts dieses Spiritualitätsverständnisses ist es nicht weiter erstaunlich, dass kaum ein anderer mittelalterlicher christlicher Mystiker auch die Menschen, die sich nicht als dezidiert religiös verstehen, immer noch mit seinem Denken anspricht. Eckhart ist trotz seiner Verwurzelung im Mittelalter ein ungemein moderner Mensch. Sein extrem positives Menschenbild mit der Betonung auf den Stärken und Potenzialen des Menschen, seine integrative Spiritualität, aber vielleicht auch seine Radikalität im Denken machen ihn zu einem so ungeheuer faszinierenden Denker.

Und wie komme ich zur Gottesgeburt?

Vielleicht fragen Sie sich jetzt: Und wie komme ich heute zu dieser Erfahrung der Gottesgeburt? Ein paar Ideen zu Eckharts Spiritualitätsverständnis und damit auch zur Frage der Umsetzung habe ich Ihnen schon im Kapitel »Der Satsang-Star aus Tambach: Nonduality is on my mind« vorgestellt und auch darauf verwiesen, dass wir bei Eckhart keinen direkt ausformulierten Weg geliefert bekommen. Dennoch finden wir in seinem Werk einige Gedanken, die sich sehr gut mit spirituellen Übungswegen synchronisieren lassen, die wir aus den östlichen Traditionen kennen. Ich finde, der Weg des Zen-Buddhismus und der Achtsamkeitspraxis entsprechen in vielem dem, was Eckhart in seinem Werk verstreut seinen Hörern und Hörerinnen rät.

Es geht zum Beispiel um das Erzeugen einer inneren Stille und Weite, wie sie die gegenstandslose Zen-Meditation lehrt. In dieser inneren Stille und Weite findet der Mensch nicht nur zu sich, sondern er öffnet sich auch für die allumfassende Weite der Wirklichkeit. Eckhart würde sagen: für die Erfahrung der Gottheit oder der Gottesgeburt im Seelenfünklein.

Selbst wenn Sie das Gefühl haben, nicht gleich in Ihren innersten Seelengrund durchzubrechen, kann das tägliche Sitzen in der Stille, selbst wenn es nur einige Minuten dauert, sehr heilsam und entspannend sein. Unser Gehirn mag die Meditation. Probieren Sie es einfach einmal aus, ob es Ihnen gefällt. Sie können Ihre ersten Schritte in einem Meditationskurs wagen oder sich zu Hause eine ruhige Ecke suchen, in der Sie ein paar Minuten ungestört sitzen können. Am hilfreichsten für den Weg der inneren Stille ist es, wenn Sie sich von allen Erwartungen verabschieden und einfach wahrnehmen, was passiert. Vermutlich wird zunächst nicht viel mehr passieren, als dass Sie bemerken, wie viele Gedanken pausenlos durch Ihr Gehirn zischen.

Wenn wir Eckharts Lehre ernst nehmen, dann können aber jede Lebenssituation und jede Tätigkeit zu einem Ort der Gottesgeburt werden. Diese Überzeugung berührt sehr stark die Ideen der Achtsamkeitsmeditation. Es geht dabei um die richtige innere Gestimmtheit. In der Achtsamkeitspraxis bedeutet dies, sich bewusst auf den jeweiligen Augenblick zu fokussieren. Das Schöne daran ist, dass eigentlich alle Tätigkeiten, die nicht Ihre besondere geistige Aufmerksamkeit benötigen, zu einem Übungsfeld werden können. Sie können das ganz leicht ausprobieren: Alles, was Sie tun, können Sie in einem Modus der Achtsamkeit oder Bewusstheit tun – oder

Sie spulen es ab oder tun es, um etwas anderes dadurch zu erreichen. Sie werden nicht Ihren ganzen Alltag im »Achtsamkeitsmodus« laufen lassen können, aber wenn Sie sich immer wieder daran erinnern, können Sie achtsame Momente in Ihren Alltag einbauen.

Falls Sie sich nicht so recht vorstellen können, was es bedeutet, achtsam im Augenblick zu sein, dann erinnern Sie sich einmal an eine sehr schöne Naturerfahrung. Ich persönlich bin ein Fan von Sonnenuntergängen. Ich weiß nicht, wie viele ich in meinem Leben schon gesehen habe, aber ein Sonnenuntergang begeistert mich immer wieder aufs Neue. Ich sitze und schaue der Sonne beim Untergehen zu (ich weiß natürlich, dass das physikalisch nicht korrekt ausgedrückt ist). In diesen Momenten erlebe ich einfach nur den Sonnenuntergang. Ich nehme meine Begeisterung und Freude wahr, die Schönheit des Ereignisses, ohne mir davon etwas zu erhoffen oder zu erwarten. Für mich ist das ein wundervoller, kleiner Präsenzmoment mitten im Alltag. Davon kann es sehr viele geben, so wir sie zulassen. Die Übung der Achtsamkeit ist daher auch weniger mit einem Tun, sondern mit einem Lassen verbunden. Loslassen und Zulassen waren für Eckhart zwei wesentliche Aspekte im Kontext der Gottesgeburt.

Zum guten Schluss

Sollten Sie beim Lesen dieses Buches oder auch, wenn Sie in Eckharts Schriften blätterten, ab und an das Gefühl gehabt haben, dass Ihnen nicht immer alles ganz verständlich war, dann machen Sie sich keine Sorgen und lassen Sie sich vom Meister selbst trösten, der eine seiner Predigten mit dem folgenden Satz beendete:

»Wer diese Rede nicht versteht, der bekümmere sein Herz nicht damit.«[49]

Eckhart wusste, dass seine Lehre nicht immer leicht verständlich war. Und wenn es keine bestimmte, das heißt festgelegte Art und Weise gibt, in der der Mensch Gott erfassen soll, wie Eckhart einmal predigte, dann wird die göttliche Wahrheit wahrscheinlich auch auf vielfältige Arten und Weisen ihren Weg ins Innerste des Menschen finden.

Literatur

Angesichts der unendlichen Fülle verzichte ich darauf, weiterführende Literatur zu Meister Eckhart anzuführen. Wer sich einen Überblick über die zahllosen Veröffentlichungen verschaffen möchte, dem empfehle ich, einen Blick auf die Seite der Meister-Eckhart-Gesellschaft zu werfen: *www.meister-eckhart-gesellschaft.de/bibliographie.htm*

Umfangreiche Informationen zu Meister Eckhart und seiner Zeit finden sich auf der Homepage von Eckhart Triebel: *www.eckhart.de* sowie auf den Seiten der Meister-Eckhart-Gesellschaft: *www.meister-eckhart-gesellschaft.de*

Ich habe die Texte von Eckhart in diesem Buch nach der Taschenbuchausgabe von Josef Quint zitiert (Meister Eckehart: Deutsche Predigten und Traktate, Herausgegeben und übersetzt von Josef Quint © 1966 Carl Hanser Verlag GmbH & Co. KG, München [im Anmerkungsteil zitiert als **Quint**]; der Abdruck erfolgt mit freundlicher Genehmigung des Verlages), da es sich bei dieser Übersetzung um die Texte der kritischen Gesamtausgabe handelt. Seit 2008 gibt es eine von Niklaus Largier herausgegebene zweibändige Ausgabe der deutschen Werke (Übersetzung und Kommentare), die ebenfalls auf der kritischen Gesamtausgabe basiert.

Ceming, Katharina: Einheit im Nichts – Die mystische Theologie des Christentums, des Hinduismus und Buddhismus im Vergleich, Augsburg 2004

Ceming, Katharina: Spiritualität im 21. Jahrhundert, Hamburg 2012

Epikur: Von der Überwindung der Furcht – Katechismus, Lehrbriefe, Spruchsammlung, Fragmente, Gigon, Olaf (übers.), Zürich 1949

Epikur: Briefe, Sprüche, Werkfragmente (gr./dt.), Krautz, Hans-Wolfgang (hrsg. und übers.), Stuttgart 1993

Flasch, Kurt: Meister Eckhart, Philosoph des Christentums, München 2. Aufl. 2010

Meister Eckhart: Die deutschen Werke (Bde. 1–5), Quint, Josef u. a. (hrsg. und übers.), Stuttgart 1958–2003 [im Anmerkungsteil zitiert als **DW**]. Der Abdruck erfolgt mit freundlicher Genehmigung des Verlages Kohlhammer.

Meister Eckhart: Die lateinischen Werke (Bde. 1–5), Weiss, Konrad u. a. (hrsg. und übers.), Stuttgart 1956–1992 [im Anmerkungsteil zitiert als **LW**]. Der Abdruck erfolgt mit freundlicher Genehmigung des Verlages Kohlhammer.

Meister Eckhart: Predigten: Werke 1 und 2, Niklaus Largier (Hrsg.), Berlin 2008

Pfeiffer, Franz (Hrsg.): Deutsche Mystiker des 14. Jahrhunderts, Bd. 2., Meister Eckhart, Predigten, Traktate, Leipzig 1857

Preger, Wilhelm (Hrsg.): Geschichte der deutschen Mystik im Mittelalter, Teil I, Aalen 1962 (Nachdruck der Ausgabe 1874)

Anmerkungen

1 Quint, S. 139, Buch der göttlichen Tröstung (Aus Gründen der Lesbarkeit sind die Zitate der Ausgabe von Josef Quint der neuen Rechtschreibung angepasst.)

2 Quint, S. 60, Reden der Unterweisung, Nr. 6

3 Quint, S. 67, Reden der Unterweisung, Nr. 10

4 Pfeiffer, 240,19–22

5 Tauler, Predigt 41, Ascendit Jhesus in Naviculam qui erat Symonis, in: Johannes Tauler: Predigten, Bd. 2, Hofmann, Georg (übers. und hrsg.), Einsiedeln 3. Aufl. 1987, S. 313

6 Quint, S. 178, Predigt 6 »In hoc apparuit caritas dei ...«

7 Usener Fr. 221, Gigon Nr. 68 Frag./Ethik

8 Zum weiten Feld der Spiritualität vgl. mein Buch »Spiritualität im 21. Jahrhundert«

9 Quint, S. 176, Predigt 5 »In hoc apparuit caritas dei ...«

10 Quint, S. 176, Predigt 5 »In hoc apparuit caritas dei ...«

11 Quint, S. 273, Predigt 26 »Nolite timere eos ...«

12 DW II, 536,8–537,3 (Text gibt es nicht in der Quint-Ausgabe)

13 Quint, S. 273, Predigt 26 »Nolite timere eos ...«

14 Quint, S. 308, Predigt 32 »Beati pauperes spiritu ...«

15 Quint, S. 355, Predigt 42 »Renovamini spiritu ...«

16 Quint, S. 196, Predigt 10 »Quasi stella matutina«

17 Quint, S. 353, Predigt 42 »Renovamini spiritu ...«

18 LW IV 52,4–5

19 LW IV 52,4–5

20 LW IV 15, 9–11

21 LW III, 43,13–44,1

22 Quint, S. 174, Predigt 5 »In hoc apparuit caritas dei ...«

23 Quint, S. 61, Reden der Unterweisung, Nr. 6

24 DW V, 411,1–2, Traktat von der Abgeschiedenheit

25 Quint, S. 159, Predigt 2 »Intravit Iesus in quoddam castellum ...«

26 Quint, S. 159–160, Predigt 2 »Intravit Iesus in quoddam castellum ...«

27 Quint, S. 56, Reden der Unterweisung, Nr. 3

28 Quint, S. 308, Predigt 32 »Beati pauperes spiritu ...«

29 Vgl. Quint, S. 143, Traktat vom edlen Menschen

30 Quint, S. 318, Predigt 35 »Videte, qualem caritatem ...«

31 Quint, S. 165, Predigt 3 »Nunc scio vere ...«

32 Pfeiffer, 181,29–30

33 LW III, 242,4–6

34 Quint, S. 398, Predigt 53 »Adolescens, tibi dico ...«

35 Quint, S. 317, Predigt 35 »Videte, qualem caritatem ...«

36 Quint, S. 260, Predigt 23 »Ave, gratia plena«

37 Quint, S. 394, Predigt 51 »Vir meus servus tuus ...«

38 W. Preger, Geschichte der deutschen Mystik im Mittelalter, Teil I, S. 488. Auch wenn dieser Traktat nicht durch die Gesamtausgabe autorisiert ist, halte ich ihn für bedeutend, da er mit der Intention des durch Eckhart Gesagten kompatibel erscheint (eigene Übersetzung).

39 LW III, 101,14–102,2

40 Quint, S. 178, Predigt 6 »In hoc apparuit caritas dei ...«

41 Quint, S. 184, Predigt 7 »Iusti vivent in aeternum«

42 Quint, S. 160, Predigt 2 »Intravit Iesus in quoddam castellum ...«

43 Quint, S. 210, Predigt 12 »Impetum est tempus ...«

44 DW V, 419, 10–13 Traktat von der Abgeschiedenheit

45 DW V, 421, 7–8, Traktat von der Abgeschiedenheit

46 Quint, S. 287, Predigt 28 »Intravit Iesus in quoddam castellum ...«

47 Quint, S. 288, Predigt 28 »Intravit Iesus in quoddam castellum ...«

48 Quint, S. 281, Predigt 28 »Intravit Iesus in quoddam castellum ...«

49 Quint, S. 309, Predigt 32 »Beati pauperes spiritu ...«

***

Die Autorin

Prof. Dr. Dr. Katharina Ceming ist außerplanmäßige Professorin an der Universität Augsburg sowie freiberufliche Seminarleiterin und Publizistin. Als Philosophin geht sie in ihren Veranstaltungen und Publikationen besonders der Frage nach, was ein gutes Leben ausmacht und wie es zu erlangen ist.

www.quelle-des-guten-lebens.de

Meister Eckehart
Deutsche Predigten
und Traktate

Herausgegeben und übersetzt von Josef Quint
Carl Hanser Verlag, München 1966

www.hanser.de

Meister Eckhart
Lateinische Werke

Herausgegeben und übersetzt von Josef Koch et al.
Gesamtausgabe in 5 Bänden
Verlag Kohlhammer, Stuttgart 1956–2015

www.kohlhammer.de

Meister Eckhart
Deutsche Werke

Herausgegeben und übersetzt von Josef Quint et al.
Gesamtausgabe in 5 Bänden
Verlag Kohlhammer, Stuttgart 1958–

www.kohlhammer.de